Gilbert Keith Chesterton

Wenn ich nur eine einzige Predigt halten könnte

Gilbert Keith Chesterton

Wenn ich nur eine einzige Predigt halten könnte

Essays

Aus dem Englischen von Irmgard Wild

Vorwort von Matthias Matussek

Kösel

Inhalt

Vorwort

Man muss sich diesen Gilbert Keith Chesterton, einen Brocken von Kerl, im Schlachtenlärm der Zeitungen vorstellen. Dort ist dieser Stahl seiner Debattenbeiträge und Kolumnen und Essays gehärtet worden, er war ein Zeitungsmann mit Leidenschaft. In den verrauchten Pubs der Fleetstreet, wo Bier und Wein floss, hat Chesterton seine Positionen überprüft und seine Anregungen erhalten, laut und auf geselligen Streit aus, ein Hüne von knapp zwei Metern mit Monokel und diesem albernen Hütchen auf dem Kopf, das er ablegte, wenn er eintrat.

Man nennt ihn den Apostel des gesunden Menschenverstands, einer mit dröhnender Stimme und der Liebe zur witzigen Wendung, zum Paradox, mit dem er das Publikum unterhielt. Darauf legte er Wert: er predigte bisweilen, aber er sorgte dafür, dass die Kirche voll war, wenn er es tat. Vor allem aber nahm er zu seinem Kronzeugen den einfachen Mann. Chesterton traute ihm mehr an Verstand zu, als den spitzfindigen Matadoren der Moderne; er hatte die Eigenschaft, Argumente herunterzubrechen auf die einfachste und einsichtigste Formel, auf Philosophie im sokratischen Gebrauch.

Mit dem vorliegenden Essayband wird dieser zartbesaitete Bulle, dieser wohl größte Konvertit des 19. Jahrhunderts – er trat 1922 von der Anglikanische Kirche zum Katholizismus über – in seinem enormen Facettenreichtum gezeigt, ob es nun um literarische oder politische Gegner geht, um das Lesen oder die Philosophie, das Leben oder – ganz verwegen, damals wie heute – den Glauben und die katholische Kirche. Über die spricht er nicht wie ein Bischof der Limousinen und der Hirtenbriefe, sondern wie ein Anarchist, ein sinnenfroher Freigeist. Er kam zur Kirche, indem er sie verteidigte. »Ich war auf der Suche, nach einer Ketzerei, die zu mir passte – und fand die Orthodoxie.«

Chesterton, »the Fat Guy«, war der Star seiner Zeit. Geboren am 29. Mai 1874, gestorben am 14. Juni 1936 mit gerade mal 62 Jahren, spannte sich sein Leben vom viktorianischen Zeitalter über die Jahrzehnte der Begeisterung für eine Moderne, die die lästige Gottesfrage abgestreift hatte wie einen Klumpen Erde am Schuh, wie ein Behinderung auf dem optimistischen Marsch in die Zukunft.

Die technischen und naturwissenschaftlichen Durchbrüche schienen auch den Menschenbildnern der ideologischen Systeme grenzenlose Räume zu eröffnen. Ob Faschismus oder Kommunismus, ihre gottfernen Beglückungssysteme wurden in den Jahrzehnten zuvor durch den Glauben der Neuzeit, den der unendlichen menschlichen Machbarkeit beflügelt.

Heute wissen wir, in welchen Katastrophen er mündete.

Sie zeichneten sich erst ab, in Skizzen, in Ahnungen, etwa der Begeisterung für die Eugenik, die die Abtreibung »minderwertiger« Föten oder die Sterilisation zu einem ernst diskutierten gesellschaftlichen Thema machten.

Schon in dem ersten Essay dieses Bandes, »Der gewöhnliche Sterbliche«, werden all diese Themen mäandernd angesprochen, ja, Chestertons Stil ist der der leichthändigen Verknüpfung, der Assoziation, ohne das Ziel aus den Augen zu verlieren.

Er ist eine Volte gegen die Moderne, gegen die Eliten, ja auch gegen die Presse, die zunächst den Eigentümern der Zeitungen zugutekommt, und nicht dem normal Sterblichen, der sich im Wirtshaus den Kopf heiß redet.

Der kleine Mann ist Chestertons Held. Der mit dem gesunden Menschenverstand.

Nicht umsonst hat der Schöpfer des »Father Brown« einen Priester ins Detektiv-Rennen geschickt, der die verzwicktesten Kriminalfälle mit nichts als dem gesunden Menschenverstand löst – als Gegenentwurf zu Arthur Conan Doyles leicht versnobten Sherlock Holmes, der sich ganz auf die Wissenschaft und den logischen Schluss, ergo: auf seinen brillanten Verstand verlässt.

Father Brown dagegen ist unscheinbar, heiter, fromm und furchtlos. Er denkt mit dem Herzen. Er kennt den gewöhnlichen Sterblichen, weil er selber einer ist.

Aber gerade der gewöhnliche Sterbliche, der kleine Mann, diente den Intellektuellen, den Spezialisten, den Theoretikern in der Mehrzahl als gesichtslose Masse für ihre großartigen Skulpturen einer befreiten und beglückten Gesellschaft, die schnell ins Unglück oder in die Lager führte.

Natürlich fällt dem Chestertonian zu diesem kleinen Essay über den »normal Sterblichen« die große Architektur seines Buches *Der unsterbliche Mensch* ein. Gerade weil der gewöhnliche Sterbliche um seine Sterblichkeit weiß, hat er die Begabung, nennen wir es Frömmigkeit, zur Ahnung seiner Unsterblichkeit, wobei ich mir an dieser Stelle jeden Kommentar zur Gegenwart verkneife, was dieses zutiefst romantische Gefühl angeht.

Der unsterbliche Mensch war ein Bestseller seiner

Zeit und, C. S. Lewis zufolge, »die beste populäre Apologetik« des Glaubens. Gleich zu Beginn nimmt sich Chesterton das in der Presse übliche Ressentiment gegen Gott vor, auf seine Weise: »Eines meiner ersten journalistischen Abenteuer oder Missgeschicke war eine Polemik gegen Grant Allen, der ein Buch über die Entwicklung der Ideen von Gott geschrieben hatte. Ich erwähnte beiläufig, dass es interessanter sein würde, wenn Gott ein Buch schriebe über die Entwicklung der Idee von Grant Allen, und ich erinnere mich noch, dass der Redakteur diese Bemerkung als blasphemisch ablehnte, was mich natürlich nicht wenig amüsierte.«

Der Grund liegt auf der Hand: Allens Buch wandte sich an die Leserschaft mit dem Gestus: Ich will euch mal zeigen, wie diese bescheuerte Idee von Gott entstand – und das ist, was jedem einleuchten dürfte, wohl erheblich blasphemischer, als Chestertons witzige Umkehrung. Und es zeigt zudem in deprimierender Weise, dass bei allen Wandlungen der Presse die Idiotie der Redakteure schon seit je existiert hat.

Von dem fast unüberschaubaren Werk Chestertons, der Biograph und Romancier, Pamphletist und Debattierer und Dichter und Dramatiker war, ist in unseren Breiten nur ein Bruchteil bekannt. Vor allem sein gewaltiges essayistisches Werk mit über 6000 Titeln ist ein noch ungehobener Schatz.

Wie schön und lohnenswert, das hier ein Anfang gemacht wird. Denn, wie der Neo-Marxist Slavoj Žižek, der sich für sein Buch *Willkommen in der Wüste des Realen* weidlich an Chestertons *Orthodoxie* bedient, ist der große Engländer auch heute weiter als unsere sich postmodern nennenden Zeitgenossen: Er hat die Moderne tatsächlich hinter sich gelassen, nämlich den Unsinn, dass sich alles auf »Objektivität« oder »Wissenschaft« zurückführen ließe.

Chesterton hingegen kommt es, um einen aktuellen Begriff zu gebrauchen, auf das »Narrativ« an, also auf unsere Beziehung zur Welt und zur Wahrheit.

Matthias Matussek im Dezember 2015

Der gewöhnliche Sterbliche

Der Gedanke, der diesen Essay veranlasst hat oder ihn doch rechtfertigt, kommt mir selbst sehr einleuchtend vor. Aber er ist wohl noch von niemand ausgesprochen worden. Er überspringt alle Fronten der landläufigen Auseinandersetzungen. Man kann ihn für oder gegen die Demokratie verwenden, je nachdem ob man dieses Kampfwort in Anführungszeichen setzt oder nicht. Man kann ihn, wie die meisten Dinge, mit der Religion in Zusammenhang bringen, wenn auch nicht unmittelbar mit der meinen. Eigentlich handelt es sich nur um die Anerkennung einer Tatsache, ganz abgesehen davon, ob man diese Tatsache billigt oder nicht. Allerdings wird damit zugleich behauptet, dass alles, was angeblich in der modernen Welt geschehen sein soll, das genaue Gegenteil von dem ist, was sich tatsächlich ereignet hat.

Meine These lautet: Die sogenannte Befreiung des modernen Menschen ist in Wirklichkeit eine neue Verfolgung des gewöhnlichen Sterblichen. Wenn irgendjemand »befreit« worden ist, dann nur, in einem besonderen und eingeschränkten Sinn, der außergewöhnliche Sterbliche. Der Reiche hat für seine ausgefallenen Liebhabereien übertriebene Freiheit erlangt und gelegentlich auch der Gebildete für die menschlicheren seiner Verrücktheiten. Der gesunde Menschenverstand jedoch, so wie ihn der gewöhnliche Sterbliche versteht, ist verboten worden. Zum Beispiel kann man heute leichter als im 17. oder 18. Jahrhundert etwa eine Sekte gründen. Aber der gewöhnliche Sterbliche wünscht ja gar nicht, eine Sekte zu gründen. Viel wahrscheinlicher ist, dass er eine Familie gründen will. Und gerade das vereiteln diese modernen Befreier im Namen des Malthusianismus oder der Eugenik oder der Sterilisation oder, wenn das so weitergeht, unter dem Motto Kindstötung. Die moderne Freiheit gestattet jedem, die wildesten Theorien über die Jungfrauengeburt zu predigen, solange er nur so etwas wie eine natürliche Geburt vermeidet. Es wird durchaus gutgeheißen, wenn er etwa eine Kapelle aus Wellblech bauen will, um dort einen Glauben zu verkünden, der einzig auf dem Satz: »Enoch aber zeugte Methusalem« beruht, nur darf er sich nicht unterfangen, selbst zeugen zu wollen. Es ist eine geschichtliche Tatsache, dass im Zeichen der neuen Sektenfreiheit die Sekten des 17. oder 18. Jahrhunderts gewöhnlich von Kaufleuten oder Fabrikanten, also von den Wohlhabenden, manchmal sogar von den ausgesprochen Reichen gegründet wurden, während solche Projekte wie die Sterilisation meist nur für die unteren Klassen, wie die modern-liberale Bezeichnung der Armen lautet, gedacht waren.

Geht man von der protestantischen Welt des 17. und 18. Jahrhunderts zu der Fortschrittswelt des 19. und

20. Jahrhunderts über, so bietet sich einem das gleiche Bild. Die Freiheit, die am lautesten gefordert wird, deren man sich am meisten rühmt und an der man wie an einem Dogma festhält, ist die Pressefreiheit. Damit ist aber nicht die Freiheit, irgendetwas drucken zu lassen, gemeint, sondern die Freiheit der Zeitungen. Besser gesagt, es handelt sich dabei gar nicht mehr um eine Freiheit, sondern um ein Monopol. Aber hier kommt es darauf an, dass der Vorgang, die Probe aufs Exempel und der Vergleich dieselben sind wie beim ersten Beispiel. Der modernen Befreiungsbewegung ist es zu verdanken, dass jeder, der es sich leisten kann, eine Zeitung gründen darf. Aber der gewöhnliche Sterbliche möchte gar keine Zeitung gründen, selbst wenn er es sich leisten könnte. Er möchte vielleicht in einer Kneipe oder an einem Stammtisch ausgiebig »politisieren«. Aber gerade dieses wahrhaft volkstümliche Gespräch wird von den alten Demokratien und den modernen Diktaturen unmöglich gemacht: Die einen haben die Kneipen verboten, die anderen die politischen Themen.

Ferner rechnet es sich die neue freie Ethik und Politik zur Ehre an, jemandem, der vielleicht sogar ein wissenschaftliches Buch über Psychologie und Soziologie veröffentlichen will, keine großen Beschränkungen aufzuerlegen, auch wenn das Buch, vielleicht unvermeidlicherweise, von Perversionen und verbrämter Pornografie strotzt. Von einem bestimmten Zeitpunkt an kümmerte sich die Polizei immer weniger um jemand, der Bücher mit teuren, künstlerischen Stichen und wissenschaftlichen Diagrammen veröffentlichte, sondern beschäftigte sich viel lieber mit dem Mann, der beispielsweise ein raues, derbes Lied singt oder der sich der zurückhaltenderen Prosa mit weniger Zurückhaltung bedient. Und doch kann man allerlei zugunsten der alten wüsten Lieder oder sogar Reden anführen, wenn man sie mit der neumodischen Schreiberei vergleicht, die zugleich zersetzend und gesetzlos ist.

Jene altmodische Unanständigkeit hatte Schwung und ein gut Teil männliche, wenn auch rohe Kraft, die man nicht so leicht in einem Diagramm oder in einer Statistik auslassen kann. Sie war immer gesund, ohne abstoßende Abnormität. Es zeigt sich hier wiederum: Der gewöhnliche Sterbliche will im Allgemeinen kein Buch schreiben, wohl aber will er gelegentlich laut singen. Sicher will er kein Buch über Psychologie und Soziologie schreiben – oder es lesen. Aber er will, wenn es ihm gerade passt, reden, singen, rufen, schreien, brüllen dürfen; tut er das jedoch, so wird er unter Umständen leichter mit einem Polizisten aneinandergeraten, als wenn er, was niemals der Fall sein wird, eine neue wissenschaftliche Studie über das Geschlechtsleben schriebe. Das Ergebnis des Fortschritts ist in Wirklichkeit dasselbe wie bei den vorhergehenden Beispielen. Unsere Zeit ist geneigter, einen Mann zu verhaften, weil er sich einer bestimmten Art von Ausdrücken bedient, als wenn er eine bestimmte Sorte von Literatur verfasst.

Man könnte diese Beispiele leicht vermehren, aber sie sind bereits zu zahlreich, als dass dies Zufall sein könnte. So hat auch die Freiheitsbewegung des 18. Jahrhunderts während der amerikanischen und französischen Revolution zwar manche Tugenden gepflegt, republikanische Einfachheit und bürgerlichen Freiheitssinn unter anderem, aber anderseits hat sie allerlei für Tugend genommen, was offensichtlich Laster war, längst als Laster bekannt war und jetzt auch wieder als Laster erscheint. Wo der Ehrgeiz einmal ein verzeihliches Laster gewesen war, wurde der Geiz eine unverzeihliche Tugend. Und liberale Wirtschaftsform bedeutete oft nur, dass die Reichen die Freiheit erhielten, noch reicher zu werden, als sie es ohnehin schon waren, und den Armen großmütig erlaubt wurde, noch ärmer als vorher zu sein. Den Wucherer ließ man frei seinen Wucher ausüben, aber der Bauer wurde nicht vom Wucherer befreit. Die Weizenbörse wuchs und war ohne Boden, aber der Mann, der den Weizen anbaute, musste am Boden bleiben.

In gewisser Weise ist also die freie Wirtschaft eine

Proklamation der Freiheit für die wenigen, die sowieso schon reich genug sind, um frei zu sein. Niemand dachte sich etwas dabei, wenn irgendein prominenter Mann seinem Spieltrieb an der Weizenbörse frönte. Aber zur gleichen Zeit wurden alle möglichen Gesetze gegen die normale Form des menschlichen Spiels, nämlich gegen das Glücksspiel, erlassen. Den armen Mann hinderte man am Spiel, gerade weil er nicht so viel aufs Spiel setzte wie der reiche. Der Büttel oder der Polizist konnte die Kinder daran hindern, Pfennig-Schieben zu spielen, doch nur deshalb, weil es sich dabei um Pfennige handelte. Der Fortschritt hat sich nie ins Spiel gemischt, wenn Vermögen verschoben wurden, eben weil es um so viel mehr als Pfennige ging. Das freie, erleuchtete Zeitalter legte es sogar geradezu nahe, anderer Leute Vermögen zu verschieben statt des eigenen. Immer bleibt der Vergleich derselbe: Der Fortschritt, so wie er seit dem 16. Jahrhundert fortgeschritten ist, verfolgt in jeder Hinsicht den gewöhnlichen Sterblichen. Er hat die Spiele verboten, die einem Freude machen, und das Spiel erlaubt, dem man doch nicht nachgehen kann; er verbietet die Unanständigkeiten, die einem Spaß machen, und spendet denen Beifall, die einen nur langweilen; er bringt den politischen Streit, der unter Männern ausgefochten wird, zum Schweigen und begünstigt die politischen Zusammenschlüsse und

Machenschaften, die nur von Millionären ausgeführt werden können; er ermutigt alle, die etwas gegen Gott sagen wollen, wenn sie es nur in hochnäsigem und eingebildetem Ton tun. Aber gehindert wird, wer etwas zugunsten des Menschen sagen will oder wer über normale menschliche Beziehungen spricht, über Mannestum und Mutterschaft und über das gesunde Verlangen der menschlichen Natur. Fortschritt ist nur die Verfolgung des gewöhnlichen Sterblichen.

Auch der Fortschritt hat seine Heiligen und seine Märtyrer, seine eigenen Legenden und Wundergeschichten wie jede andere Religion, nur sind sie meistens falsch, wie die Religion, zu der sie gehören. Am verbreitetsten ist die Legende, der junge fortschrittliche Mensch werde von dem alten gewöhnlichen unterdrückt. Aber das stimmt nicht. Der alte gewöhnliche Mensch ist der Unterdrückte. Ihm hat man nach und nach alle seine alten, gewohnten Rechte genommen. Wenn der Fortschritt weiter solche Fortschritte macht, dann ist es viel wahrscheinlicher, dass es sechs Millionen Menschen verboten wird zu schlafen, weil sechs Menschen behaupten, gewisse Atemübungen seien ein guter Schlafersatz, als dass sechs Millionen Schlafwandler wach genug werden, um den sechs Menschen eins über ihre geschwollenen, schwachsinnigen Köpfe zu hauen. Es gibt kaum etwas, was man dem gewöhnlichen Sterblichen nicht wegnehmen kann. Eher wird man das Essen von Getreide gesetzlich verbieten (da Getreide ja bekanntlich zur Herstellung von Giften wie Bier und Whisky dient), als diese Art Philosophen zu der Einsicht bringen, dass es ein ökonomischer Missstand ist, wenn Menschen, die Getreide anbauen wollen, es nicht können, und ein ethischer Missstand, wenn Menschen, die es anbauen, deswegen verachtet werden. Wenn nur der Grundsatz des reinen Fortschritts unsere Zukunft bestimmt, dann ist es durchaus möglich, dass man solche Menschen hängt oder lebendig begräbt. Freilich, im Zeitalter der Wissenschaft werden sie natürlich auf den elektrischen Stuhl geschnallt oder vielleicht nur elektrisch gequält.

Meine These lautet also weiterhin, dass nicht der außergewöhnliche Mensch verfolgt wird, sondern der gewöhnliche. Aber das bringt mich alsbald in Widerspruch zu der zeitgenössischen Meinung, die besagt, dass es im Grunde auch viel besser sei, den gewöhnlichen Sterblichen zu verfolgen. Ganz sicher ist, dass viele moderne Denker und Schriftsteller den gewöhnlichen Menschen verachten, und es ist ebenso sicher, dass ich wiederum diese Verächter verachte. Aber der springende Punkt muss noch genauer beachtet werden. Denn was man heute die Wendung gegen die Demokratie nennt, ist gerade das Ergebnis der Demokratie.

Ich glaube nicht, dass die meisten modernen Menschen die Vorteile oder Nachteile einer Herrschaft des Volkes wirklich erkennen. Und mein Zweifel kann weitgehend mit dem begründet werden, was ich hier über den gewöhnlichen Sterblichen gesagt habe.

Um mich kurz zu fassen, es ist heutzutage üblich, zu behaupten, die meisten Missstände in der modernen Welt gingen zulasten des gewöhnlichen Sterblichen. Ich möchte nun gern zeigen, welche schrecklichen Missgriffe tatsächlich der außergewöhnliche Mensch begangen hat. Es ist sehr leicht, zu behaupten, dass der Mob Fehler macht, aber in Wirklichkeit hat er gar keine Gelegenheit zu Fehlern, wenn die Höherstehenden ihre hohen Stellungen nicht dazu ausnutzen, in viel schlimmere Fehler zu fallen. Es ist sehr leicht, der Demokratie überdrüssig zu werden und nach einer Aristokratie der Intelligenz zu rufen. Das Schlimme ist nur, dass bisher jede intellektuelle Aristokratie so unintelligent gewesen ist. Man kann voraussehen, dass unwissende Menschen etwas falsch machen. Aber was niemand vermuten konnte, was niemand in seinen schlimmsten Träumen geahnt hat, was keine noch so entzündete menschliche Fantasie sich vorstellen konnte, das waren die Fehler der Wohlunterrichteten. Es stimmt bis zu einem gewissen Grad, dass der Mob immer von gebildeteren Leuten geführt worden ist. Viel wichtiger ist, und zwar in jeder Hinsicht, dass er immer von gebildeten Leuten verführt worden ist. Es ist sehr leicht, zu sagen, der Gebildete solle Führer, Lehrer und Freund der Masse sein. Unglücklicherweise hat er die Masse fast immer irregeleitet, war ihr ein falscher Freund und ein schlechter Lehrer. Und die Katastrophen, die wir erlitten haben, eingerechnet jene, unter denen wir jetzt noch leiden, sind in Wirklichkeit nicht die Schuld jener nüchternen und praktischen Menschen, die nicht so genau Bescheid wissen, sondern gehen fast ausschließlich zulasten der hochgestochenen Theoretiker, die wissen, dass sie alles wissen. Die Welt kann vielleicht aus ihren Fehlern lernen, aber es sind meistens die Fehler der Gebildeten.

Geht man bis ins 17. Jahrhundert zurück, so entsprang der Streit zwischen den Puritanern und dem Volk ursprünglich aus dem Hochmut einiger weniger Männer, die ein gedrucktes Buch lesen konnten. Sie verachteten das Volk, das ein gutes Gedächtnis, eine gute mündliche Überlieferung, gute Geschichten, gute Lieder, gute Bilder aus Glas, Gold oder Stein hatte und deshalb Bücher nicht so dringend brauchte. Es war die Tyrannei des Lesekundigen über die Analphabeten. Aber die Lesekundigen waren engstirnig, beschränkt und oft grausam, und die Analphabeten waren, wenigstens vergleichsweise, frisch und fröhlich, einfallsreich, fantasiebegabt und für alles offen. Der außergewöhnliche Mensch, der »Erwählte« der calvinistischen Lehre, führte das Volk ohne Zweifel den kürzesten Weg zum Fortschritt, aber der führte es ins Gefängnis. Die bücherkundigen Gesetzgeber und Staatsmänner brachten es fertig, den strengen schottischen Sabbat zu erfinden. Inzwischen sammelte Sir Walter Scott die großen schottischen Balladen. Dieses Überlieferungsgut hätten die Gebildeten beinah ausgerottet, wenn es nicht von den mittelalterlichen Armen zu den modernen Armen durchgesickert wäre und sich in Hütten und Bauernkaten erhalten hätte. Oft wurde es von Leuten mündlich vorgetragen, die weder lesen noch schreiben konnten, und doch hat es die romantische Strömung in der ganzen Welt angeregt und tief beeinflusst.

Im 18. Jahrhundert spielt eine neue, ganz anders geartete Gruppe eine ähnliche Rolle in der Gesellschaft. Sie unterscheidet sich in allem von der vorherigen, nur dass sie sich aus der gleichen verknöcherten Elite zusammensetzt. Die neuen außergewöhnlichen Menschen, die jetzt das Volk führen, sind keine Calvinisten mehr, sondern eine Art trockener Deisten, die immer mehr zu Atheisten verdorren. Es sind keine Pessimisten mehr, sondern das Gegenteil. Aber ihr Optimismus ist noch niederdrückender als der alte Pessimismus. Es sind die Nützlichkeitsfanatiker, die Verfechter des

Wirtschaftsdenkens, die ersten Verteidiger des Freihandels. Sie haben als Erste die ökonomischen Theorien des modernen Staates entwickelt und jene Sätze aufgestellt, nach denen die Politik des 19. Jahrhunderts hauptsächlich errechnet wurde. Sie haben die engere und weitere Öffentlichkeit wissenschaftlich und systematisch über diese Lehren aufgeklärt. Aber was waren das für Lehren und Theorien? Die beste vielleicht und die verbreitetste war der ungeheuerliche mythische Aberglaube eines Adam Smith. Eine theologische Theorie, die besagte, Gott habe die Welt so geschaffen, dass die Menschen durch ihre Selbstsucht glücklich werden könnten, mit anderen Worten, Gott lenke alles zum Guten, wenn es den Menschen nur gelinge, böse genug zu sein. Die Intellektuellen dieser Epoche verkündeten als Dogma, dass die Menschheit glücklich werde, wenn der Mensch nur frei kaufe und verkaufe, frei liehe und verliehe, frei die anderen bedrücke und in Abhängigkeit halte und – in der Praxis – frei stehle und betrüge. Der gewöhnliche Sterbliche fand bald heraus, was es mit diesem Glück auf sich hatte und dass er in Elendsquartieren saß und das Elend nicht abzusehen war.

Man braucht die Geschichte der Torheit und des Wahnsinns, in der die relative Standfestigkeit der Ungebildeten durch den Wankelmut der Intellektuellen immer wieder belastet wurde, nicht weiter zu verfolgen. Die wankelmütigen Intellektuellen stürzten sich gleich wieder in ein anderes Extrem und wurden Sozialisten, sie verachteten den bescheidenen Besitz ebenso, wie sie die volkstümliche Tradition verachtet hatten. Es ist richtig, dass die Intellektuellen in ein paar klaren Augenblicken einige Grundwahrheiten neben ihren eingebildeten Falschheiten durchsetzten. Mit Recht priesen einige die Freiheit und die menschliche Würde und Gleichheit, wie sie in der Erklärung der Menschenrechte zum Ausdruck kommt. Aber selbst diese wurden so missbraucht, dass man nun geneigt war, die Wahrheit mit der Falschheit zusammen zu verwerfen. Es ist eine Gegenströmung zur Demokratie entstanden, oder deutlicher gesprochen: Den Laffen ist sogar ihre landläufige Haltung dem gewöhnlichen Sterblichen gegenüber langweilig geworden, nämlich ihn in der Praxis zu unterdrücken und in der Theorie zu verherrlichen.

Ich verherrliche ihn nicht, aber ich glaube an ihn, wenigstens mehr, als ich an jene glaube. Und ich meine, dass die Geschichte ihrer Beziehungen, wie ich sie berichtet habe, genügt, um meine Vorliebe zu rechtfertigen. Ich wiederhole noch einmal, dass jene alle Vorteile der Bildung vor ihm voraushaben und dass sie ihn immer geführt und verführt haben. Aber sogar als sie Reaktionäre wurden, blieben sie so roh und grausam, wie sie als Revolutionäre gewesen waren. Ihre Antidemokratie ist genauso mit Heuchelei durchsetzt, wie ihre Demokratie es war. Ich brauche nur auf die abscheuliche neue Mode hinzuweisen, von den gewöhnlichen Sterblichen als von Moronen zu sprechen. Einmal ist das Pedanterie, die langweiligste Form der Eitelkeit, denn Morone ist nur der griechische Ausdruck für einen Narren. Dabei ist es meist noch eine unechte Form der Pedanterie, denn wer das Wort Morone gebraucht, weiß meistens nicht, dass es sich um ein griechisches Wort handelt, und auch nicht, warum er ein solches gebrauchen sollte. Aber es ist auch ein moralisches Übel damit verbunden. Denn ein Mensch, der behauptet, dass die meisten Menschen Narren seien, weiß, dass er sich selbst auch oft zum Narren gemacht hat, während man die Moronen für eine Art von Affen hält, als ob sie eine Gattung oder Rasse für sich wären. Der gewöhnliche Sterbliche wird vielleicht das Opfer einer neuen Tyrannei, die auf der wissenschaftlichen Marotte gründet, ihn für einen Affen zu halten. Aber es ist zu bezweifeln, ob er schlimmer verfolgt wird, weil er die Instinkte eines Moronen, als weil er die Instinkte eines Menschen hat.

(1935)

Über das Lesen

Die Meister der Weltliteratur zeitigen ihren höchsten Nutzen nicht auf literarischem Gebiet. Er ist unabhängig von ihrem vortrefflichen Stil und sogar von der Erhebung unseres Gemüts. Gute Literatur ist in erster Linie dadurch nützlich, dass sie den Menschen hindert, »nur modern« zu sein. »Nur modern« sein, bedeutet, sich zu einer endgültigen Beschränktheit verdammen, genauso wie man sich endgültig altmodisch macht, wenn man seinen letzten Pfennig für den allerneuesten Hut ausgibt. Der Weg der vergangenen Jahrhunderte ist übersät mit toten »Modernen«. Literatur, klassische, wertbeständige Literatur, bietet ihr Bestes, wenn sie uns immer wieder an die ganze runde Wahrheit erinnert und andere, ältere Ideen denen gegenüberstellt, die uns gerade im Augenblick begeistern. Die Art und Weise, wie dies geschieht, ist jedoch so merkwürdig, dass wir sie zunächst einmal verstehen sollten.

In der menschlichen Geschichte treten bestimmte Dinge zu bestimmten Zeiten besonders deutlich hervor; das ist in verstärktem Maße in einer so ruhelosen Epoche wie der unseren der Fall. Früher nannte man so etwas eine Häresie. Heutzutage heißt es eine Mode. Moden können bisweilen ganz vorteilhaft sein, meistens aber richten sie nur Unheil an. Moden wie Häresien bestehen immer in einer unangemessenen Konzentration auf eine einzelne Wahrheit oder Halbwahrheit. So ist es zwar richtig, Gottes Allwissenheit zu betonen, aber häretisch, dies wie Calvin auf Kosten seiner Liebe zu tun; genauso richtig ist es, nach einem einfachen Leben zu verlangen, aber häretisch, es auf Kosten von echtem Gefühl und guten Manieren zu tun. Der Häretiker, der immer auch ein Fanatiker ist, liebt nicht etwa die Wahrheit zu sehr. Man kann die Wahrheit gar nicht genug lieben. Der Häretiker liebt seine eigene Wahrheit mehr als die Wahrheit selbst. Er zieht die Halbwahrheit, die er selbst gefunden hat, der ganzen Wahrheit vor, die die Menschheit gefunden hat. Er schätzt es nicht, dass sein eigenes, kostbares kleines Paradox mit zwanzig anderen Gemeinplätzen zusammen in das große Bündel menschlicher Weisheit geschnürt wird.

Manchmal sind solche Neuerer von finsterer Aufrichtigkeit wie etwa Tolstoi, zuweilen verfügen sie über einen fast weiblich empfindsamen Stil wie Nietzsche, und manchmal besitzen sie auch anerkennenswerten Humor, Mut und Gemeinsinn wie Bernard Shaw. In jedem Fall erregen sie Aufsehen und finden zuweilen sogar Anhänger. Aber immer wird auch der gleiche, grundlegende Irrtum begangen. Man setzt jedes Mal voraus, dass der fragliche Mann eine neue Idee entdeckt hat. Aber in Wirklichkeit ist nicht die Idee neu, sondern nur ihre Isolierung. Die Idee selbst findet man in allen guten Büchern klassischer oder unabhängiger Denkungsart von Homer und Vergil bis Fielding und Dickens. Alle neuen Ideen stehen in alten Büchern, nur sind sie da wohlabgewogen, an ihrem Platz und werden manchmal anderen, besseren Ideen gegenübergestellt und von ihnen überwunden. Die großen Schriftsteller haben nicht irgendeine Frage unbeantwortet gelassen, weil sie nicht daraufgekommen sind, sondern gerade weil sie daraufgekommen sind und zugleich auf alle möglichen Antworten.

Für den Fall, dass dies noch nicht ganz klar ist, will ich zwei Beispiele anführen; beide beziehen sich auf Gedankengänge, die unter den einfallsreicheren modernen Gelehrten sehr im Schwange sind. Wie jedermann weiß, predigte Nietzsche eine Lehre, die er und seine Anhänger allem Anschein nach für sehr revolutionär hielten. Nietzsche war der Ansicht, dass die gewöhnliche altruistische Moral die Erfindung einer Sklavenklasse gewesen sei, die verhindern wollte, dass etwa auftauchende überlegene Typen sie bekämpfen und beherrschen könnten. Man mag nun mit dieser Meinung übereinstimmen oder nicht, jedenfalls redet man heutzutage so, als ob das ein neuer, nie gehörter Gedanke wäre. Stets wird ohne Weiteres angenommen, dass die großen Schriftsteller der Vergangenheit, sagen wir zum Beispiel Shakespeare, nichts davon gewusst hätten, weil es ihnen einfach nicht eingefallen, ihnen nicht in den Sinn gekommen sei. Wenn man jedoch den letzten Akt von Shakespeares »Richard III.« aufschlägt, findet man in zwei Zeilen nicht nur alles, was Nietzsche zu sagen hat, sondern man findet es sogar fast mit denselben Worten ausgesprochen. Richard III. sagt zu seinen Rittern:

Gewissen ist ein Wort für Feige nur,
Zum Einhalt für den Starken nur erdacht …

Wie gesagt, ist die Tatsache klar. Shakespeare war Nietzsches Herrenmoral nicht unbekannt, aber er hat ihr den gebührenden Rang und Ort zugewiesen. Er hat sie nämlich einem halb wahnsinnigen Buckligen am Vorabend seines Sturzes in den Mund gelegt. Wut gegen die Schwachen ist nur möglich in Menschen, die zwar übertrieben mutig, aber von Grund auf krank sind, Menschen wie Richard III., wie Nietzsche. Dieses Beispiel allein könnte die absurde Vorstellung beseitigen, dass die modernen Philosophen modern sind, weil sie etwas zu sagen haben, wovon die großen Männer der Vergangenheit keine Ahnung hatten. Aber diese wussten das alles wohl, nur hielten sie nicht so viel davon. Shakespeare hat wohl gesehen, was Nietzsche meinte, aber er hat ihn zugleich durchschaut.

Noch ein anderes Beispiel: Bernard Shaw hat in seinem aufregenden und ehrlichen Stück »Major Barbara« heftig gegen die Sprichwörter-Moral vom Leder gezogen. Das Sprichwort sagt: »Armut ist kein Verbrechen.« »Doch«, sagt Shaw, »Armut ist ein Verbrechen und die Mutter von Verbrechen. Es ist verbrecherisch, arm zu sein, wenn man sich dagegen auflehnen oder reich werden könnte. Arm sein bedeutet, feige, sklavisch oder tückisch sein.« Shaw beabsichtigt allem Anschein nach, diese Meinung zu verabsolutieren, und viele seiner Anhänger tun das Gleiche. Diese Verabsolutierung ist neu, nicht aber die Sache selbst. Schon Thackeray lässt seine Becky Sharp sagen, mit tausend Pfund im Jahr sei es leicht, moralisch zu sein, mit hundert Pfund jedoch schwer. Wie bei dem vorigen Beispiel hat Thackeray, genau wie Shakespeare, die moderne Auffassung nicht nur gekannt, sondern auch gewusst, was sie wert ist. Er hat sie nicht nur gesehen, sondern war sich auch im Klaren, wo sie hingehört. Sie gehört zu Becky Sharp, die zwar schlau und auch auf ihre Weise aufrichtig war, aber keine der tieferen Gefühle kannte, die das Leben erst lebenswert machen. Der Zynismus Beckys, der von Lady Jane und Dobbin im Gleichgewicht gehalten wird, hat einen gewissen Wahrheitskern. Der Zynismus von Shaws Undershaft jedoch ist, wenn er für sich allein in ernstem Predigerton vorgetragen wird, einfach überhaupt nicht mehr wahr. Beckys halbe Wahrheit war erst eine Grille, wurde dann ein Bekenntnis und zuletzt eine Lüge. Bei Thackeray wie bei Shakespeare ist die Schlussfolgerung, die uns angeht, die gleiche: Was man neue Ideen nennt, sind gewöhnlich nur die Bruchstücke der alten. Nicht, als ob dieser oder jener Gedanke Shakespeare nicht in den Sinn gekommen wäre, aber er hatte auch noch andres im Sinn, und das hat verhindert, dass der Sinn zum Unsinn wurde.

(1908)

Gott und Güter

Man hat schon oft festgestellt – und im großen Ganzen mit Recht –, dass der Bolschewismus notwendigerweise mit dem Atheismus verbündet sein muss. Nicht so häufig hat man jedoch wahrgenommen, dass nun auch der Atheismus nicht anders kann, als sich immer mehr dem Bolschewismus anzuschließen. Denn der Bolschewismus ist wenigstens zum Teil positiv, wenn er sich auch weithin zerstörerisch auswirkt. Der Atheismus als eine bloße Negation, als ein rein theoretischer Angriff auf die Religion, hat als solcher eine ebenso melancholische wie komische Geschichte. Jeder, der in neueren Zeiten versucht hat, eine im Volk verwurzelte Religion oder einen überlieferten Glauben zu zerstören, hat die Notwendigkeit verspürt, einen handfesten Ersatz dafür anzubieten. Sonderbarerweise hat man ungefähr ein Dutzend völlig verschiedener Dinge angeboten, von denen einige in direktem Widerspruch zueinander stehen. Die Versprechungen änderten sich ständig, und nur die rein negative Drohung blieb dieselbe.

Im achtzehnten Jahrhundert nahmen die Philosophen nicht nur an, dass die Freiheit ein Gut sei, sondern sie hielten sie für den einen und einzigen Ursprung aller Güter. Der sogenannte Naturmensch oder der »edle Wilde« sollte von nun an frei und glücklich sein können, wenn er nur der Natur gemäß lebte, das heißt, wenn er nicht in die Kirche ging und darauf achtete, den Pfarrer auf der Straße nicht zu grüßen. Bald jedoch entdeckten die Philosophen, was die Pfarrer ihnen von Anfang an hätten sagen können, dass es noch schwerer ist, ein glückliches Tier zu sein als ein glücklicher Mensch. Der Mensch kann nämlich ebenso wenig ein Tier sein, wie er ein Engel sein kann: weil er eben ein Mensch ist. Aber den Philosophen, die nicht an Gott glaubten, weil er ein Mythos sei, gelang es eine Zeit lang, an die Natur zu glauben, ohne zu merken, dass diese eine bloße Metapher ist. So forderten sie die Menschen auf, erst einmal die Kirchen zu verbrennen, nachher könnten sie dann in ihren Feldern und Gärten ewig glücklich sein.

Nach der politischen Revolution kam jedoch die industrielle Revolution, und von nun an wurde der Wissenschaft ein ungeheurer Wert beigelegt. Die freundlichen Atheisten wandten sich abermals an das Volk, lächelten, räusperten sich und erklärten, dass man zwar noch immer Kirchen niederbrennen müsse, aber dass man sich hinsichtlich des Ersatzes dieser Kirchen ein wenig geirrt habe. Die zweite atheistische Philosophie wurde nicht mehr auf die Güte, sondern auf die Grausamkeit der Natur gegründet, nicht mehr auf die Freiheit und Schönheit der Felder, sondern darauf, dass die Wissenschaftler und Industriellen mächtig genug seien, um bald alle Felder mit Fabriken und Warenhäusern zuzudecken. Es gebe jetzt einen neuen Ersatz für Gott, nämlich Gas, Kohle und Eisen, und es sei ein göttliches Vorrecht, die Räder der Maschinen zu bedienen und das alles zu verarbeiten. Jetzt stellte man fest, dass die wirtschaftliche Freiheit, nämlich die Freiheit, zu kaufen und zu verkaufen, zu verpachten und auszubeuten, die Menschen so strahlend glücklich machen werde, dass sie ihren Traum von den himmlischen Gefilden vergäßen, und nebenbei den von den irdischen auch. Aber auch das blieb alles irgendwie enttäuschend.

So waren zwei irdische Paradiese zusammengebrochen. Das erste war Rousseaus natürliches Paradies, das zweite Ricardos ökonomisches Paradies. Die Menschen waren nicht vollkommen geworden, als sie frei waren zu leben und zu lieben, und die Menschen wurden auch nicht vollkommen, als sie frei waren zu kaufen und zu verkaufen. Es wurde offenbar für die Atheisten Zeit, ein drittes sicheres und sofort wirkendes Ideal zu finden. Und das haben sie im Kommunismus entdeckt. Es stört sie gar nicht, dass dieses dritte Ideal vom ersten ganz verschieden und dem zweiten sogar entgegengesetzt ist. Sie wollen ja nichts anderes als die Menschheit mit irgendeiner angeblichen Verbesserung darüber hinwegtrösten, dass sie ihr die Gottheit geraubt haben. Liest man zwischen den Zeilen all der neuen Bücher, der vielen naturwissenschaftlichen Darstellungen und volkstümlichen

Bildungsschriften zur Geschichte und Philosophie, dann erkennt man deutlich, dass das einzige ihnen allen gemeinsame Grundgefühl der Hass auf die Religion ist. Das einzig Positive ist negativ. Deshalb muss der Bolschewismus mehr und mehr idealisiert werden, weil nur er allein jung genug ist, um noch als Hoffnung zu gelten. Denn alle revolutionären Hoffnungen, welche die Atheisten bisher angeboten haben, sind bereits ihrerseits der Hoffnungslosigkeit anheimgefallen.

(1933)

Der frivole Mensch

Eine merkwürdige und fast unverständliche Assoziation, der kein Mensch je auf den Grund gegangen ist, verleitet viele Leute zu dem Glauben, Frivolität habe etwas mit Vergnügen zu tun. Tatsächlich aber kann nur der ernste Mensch sich wirklich vergnügen. Selbst die oberflächlichsten Gesellschaftsmenschen finden ein echtes Vergnügen vor allem in jenen Krisen ihres Lebens, die leicht einen tragischen Ausgang nehmen. Der Mensch kann sich nur an wesentlichen Dingen freuen. Um sich am leichtesten und flüchtigsten Scherz zu ergötzen, muss man tief in der Gutheit der Dinge verwurzelt sein. Und die Gutheit der Dinge ist natürlich der Ernst der Dinge. Um auch nur eine Quadrille tanzen zu können, muss man für einen Augenblick das Gefühl haben, dass die Sterne nach der gleichen Melodie tanzen. In der alten Weltreligion glaubten die Menschen tatsächlich, dass die Sterne zu ihren Tempelliedern tanzten, und sie selber tanzten, wie Menschen seither nie wieder getanzt haben. Freude, tiefe Freude ohne Hemmung, ohne Beeinträchtigung, ohne Nachgeschmack ist nur dem ernsten Menschen möglich. Der Wein, sagt die Heilige Schrift, erfreut des Menschen Herz, falls nämlich der Mensch über ein solches verfügt. Und nur wer Gemüt hat, kann frohen Mutes sein.

Der wirklich frivole Mensch, der Gesellschaftsmensch, wie wir ihn alle kennen – und wer ihn wahrhaft kennt, weiß, dass ihn dies vor allem kennzeichnet –, ist ein Pessimist. Die Vorstellungen eines fröhlichen, leichtherzigen Mannes von Welt, der von heidnischen Freuden trunken ist, ist eine reine Erfindung frommer Leute, die nie im Leben einem solchen Menschen begegnet sind. Der fröhliche Vergnügungssüchtige ist ein Märchen der Frommen. Die Welt kann die Seele gar nicht so befriedigen, wie die Puritaner uns glauben machen wollen. Wenn sie den Sünder als froh und sorglos hinstellen, haben sie bereits ihren stärksten Triumph verspielt. Der Puritanismus verfällt nur allzu leicht dem Irrtum, dem frivolen Menschen gerade die falschen Laster vorzuwerfen. So sagt man gern, der frivole Mensch sei »leichtsinnig«. In Wirklichkeit macht er sich viele Sorgen. Nicht nur verwendet er ganze Stunden auf seine Kleidung und ähnliche Dinge, sondern er verbringt auch noch einen weiteren beträchtlichen Teil seines Lebens damit, solche Äußerlichkeiten bei anderen zu bereden und zu kritisieren. Zu jeglicher Stunde des Tages kann er sich darüber aufhalten, ob einer den richtigen Anzug trägt oder ein anderer das falsche Tafelgeschirr verwendet; in solchen Fragen ist er feierlicher als der Papst oder ein Konzil. Im Ganzen wirkt er eher traurig als ernst, eher hoffnungslos als streng. Die Religion hat augenscheinlich die Macht, uns in den Dingen fröhlich zu machen, auf die es ankommt. Und mit ungefähr dem gleichen Recht kann man sagen, dass die vornehme Frivolität die Macht hat, uns in all jenen Dingen traurig zu stimmen, auf die es nicht ankommt. Frivolität hat nichts mit Glück zu tun. Sie hält sich an der Oberfläche der Dinge auf, und die ist meistens rau und uneben. Der frivole Mensch ist nicht imstande, Wert und Gewicht einer Sache wirklich zu ermessen, nicht einmal Wert und Gewicht der Dinge, die man gewöhnlich für frivol hält. Er genießt seine Zigarette nicht wie der Gassenjunge seine Zigarette, und seine Freude am Ballett ist geringer als die eines Kindes an »Punch and Judy«. Aber um ihm Gerechtigkeit widerfahren zu lassen: Seine Frivolität ist nicht die einzige; andere Klassen von Menschen trifft der gleiche Vorwurf. So sind zum Beispiel Bischöfe meist frivol, ebenso Lehrer der Moral, Staatsmänner und Kriegsdienstverweigerer. Philosophen und Dichter sind es bisweilen, Politiker immer. Denn Frivolität bedeutet, dass man die Fülle und den Wert der Dinge nicht begreift, deshalb hat sie noch mancherlei andere Formen, außer dem Leichtsinn und der bloßen Vergnügungssucht. Eine Menge Menschen haben zum Beispiel die fixe Idee, die Unehrerbietigkeit bestehe hauptsächlich darin, dass man Witze macht, wo man keine machen sollte. Dabei ist es durchaus möglich, mit einem Satz unehrerbietig zu sein, dem nicht der geringste Hauch des Unziemlichen anhaftet und der aus einer gänzlich humorlosen Seele stammt. Eine herrliche, eine unvergängliche Definition von wirklicher Unehrerbietigkeit findet man in jenem missverstandenen und vernachlässigten Gebot, welches heißt: Du sollst den Namen deines Gottes nicht vergeblich führen. Das besagt nicht, wie man meinen könnte, man solle mit Heiligem keinen Scherz treiben und keine Possen und Witze darüber reißen, jedenfalls nicht in erster Linie. Etwas witzig sagen bedeutet nicht, es vergeblich sagen. Etwas spöttisch oder kritisch sagen bedeutet ebenfalls nicht, es vergeblich sagen. Sogar etwas ganz fantastisch sagen, wie ein Bruchstück aus einer Elfenbotschaft, ist noch nicht »vergeblich«. Aber wenn man etwas mit bombastischem und unaufrichtigem Pathos sagt, wenn man etwas zugleich frömmlerisch und verschwommen sagt oder uneigentlich, und es soll doch buchstäblich verstanden werden, dann heißt das in jenem echten und ersten Sinn des alten mosaischen Gebotes: etwas vergeblich sagen. Der Name Gottes wird häufiger von Predigern vergeblich geführt als von Weltleuten. Der Gotteslästerer ist im Grund verständlich und natürlich; denn er spricht in gewöhnlicher Weise von Dingen, die er für gewöhnlich hält.

Aber mancher Prediger und religiöse Redner spricht in gewöhnlicher Weise über Dinge, die er für göttlich hält. Und damit hat er eines der Zehn Gebote übertreten, denn das ist die Sünde gegen den Namen Gottes.

Nenne ihn eher noch mit wüsten, mit rohen Worten, nenne ihn im Scherz, nenne ihn im Zorn, nenne ihn auf kindische und falsche Weise, aber nenn ihn nicht vergeblich. Man kann ein heiliges Wort zu einem sonderbaren oder neuen Zweck gebrauchen und diesen Gebrauch rechtfertigen. Man kann ebenfalls ein heiliges Wort zu einem niedrigen und bösen Zweck gebrauchen und die Folgen auf sich nehmen. Aber man verwende ein heiliges Wort nicht sinn- und zwecklos; man rede nicht von Christus, wenn man genauso gut von Herrn Meier sprechen könnte. Man gebrauche Vaterlandsliebe und Ehre und die Gemeinschaft der Heiligen nicht als Füllsel einer lahmen Rede. Das ist die Sünde der Frivolität, und sie wird von der Mehrzahl der normal religiösen Menschen immer wieder begangen. Und so kommen wir zu dem Schluss, dass echter Ernst überall niedrig im Kurs steht, bei den Gegnern der Religion wie bei ihren Anhängern, in der weltlichen und in der unweltlichen Welt.

(1902)

Über das Lachen

Macht man irgendwo einmal den Vorschlag, über das Lachen zu diskutieren, dann kann zweierlei eintreten. Entweder man lacht – und das ist vielleicht das Beste, was man bei einem solchen Vorschlag tun kann, denn die Praxis ist hier besser als die Theorie. Und wenn sich etwa einer wie ich hinsetzt, um eigens einen Artikel über das Lachen zu verfassen, so ist der wohl geeignet, der ganzen Menschheit zum Gelächter zu dienen. Aber wer verständig genug ist, zu lachen, ist höchstwahrscheinlich auch verständig genug, sich zu entfernen. Die Diskussion bräche ab und würde ihre einzige Würze aus der Kürze beziehen.

Oder aber – das ist die zweite Möglichkeit – es wird nicht gelacht; dann geschieht meist Folgendes: Die Gesichter verziehen sich zu einem verbissenen, finsteren Ernst, und man beginnt, über die Psychologie der Primitiven und die automatischen Reflexe des Pithecanthropos zu reden. Und wenn man ein oder zwei Monate auf diese Weise munter hin- und hergeschwätzt hat, so kommt zuletzt meist als Ergebnis heraus, dass »das Lachen auf dem Trieb zur Grausamkeit beruht«, was ein untrügliches Zeichen und ein Beweis für unsere langsame Verblödung ist. Es ist ein sauberes und klares Zeugnis für die moderne Mode, mit wissenschaftlichen Worten so unwissenschaftlich wie möglich umzugehen. Niemand hat noch bewiesen, dass es einen Trieb zur Grausamkeit gibt, ebenso wenig wie dass es einen Hang zum Glaskauen gibt. Es gibt zwar Verrückte, die das Glas kauen, und es gibt sogar berühmte Leute darunter. Manche Leute haben auch eine perverse Neigung zur Grausamkeit. Aber wenn der Primitive den Humor aus seiner Perversion zur Grausamkeit entwickelt hat, dann ist es genauso schwer zu erklären, wie er zu seiner Perversion kommt, als wie er daraus eine Begabung entwickelt. Man kann genauso gut den Anfang der Dichtkunst damit begründen, dass der Pithecanthropos kokainsüchtig gewesen sei. Das Ganze gehört zu jenen unverschämten Erschleichungen einer Populärwissenschaft, die von der ernsthaften Wissenschaft gar nicht gestützt wird, sondern die starke moralische oder antimoralische Beweggründe hat. Mit zahllosen unverantwortlichen Hinweisen tut man so, als ob der Mensch alles, was er ist, einer Art von Halbmenschen verdanke, die man Primitive nennt, und die ganz heruntergekommene, in der Dunkelheit des Hasses und der Angst lebende Kreaturen gewesen sein müssen. Oberflächlich gesehen, ist diese ganze Theorie des Lachens lächerlich. Jeder kann ein Kind durch eine einfache Umkehrung oder eine Ungereimtheit zum Lachen bringen, zum Beispiel dadurch, dass man einem Teddybären eine Brille aufsetzt. Sollen wir deshalb etwa glauben, dass sich ein finsterer Troglodyt im Hirn des Kindes rührt und den Teddybären mit ihm fremden optischen Bedingungen quält oder sich boshaft an der Qual eines alten Onkels weidet, den er seiner Augengläser beraubt hat? Kinder lachen am liebsten über eine ganz simple Art von Unsinn wie »die Kuh springt über den Mond«. Sollen wir vielleicht annehmen, dass Kinder im Bett liegen und lachen, weil sie an die lange und mühevolle Reise des verirrten Vierfüßlers in jene eisigen Höhen denken, die für ein warmblütiges Säugetier gänzlich ungeeignet sind? Unangemessenheit ist doch offensichtlich nur dann für den Geist vergnüglich, wenn sie nicht mittelbar oder unmittelbar mit einem Missbehagen verknüpft ist. Warum das so ist, ist allerdings eine sehr tiefgründige Frage; wir kommen jedoch mit solchen Fragen nicht weiter, bis wir der gesamten Menschheitsgeschichte gegenüber eine völlig andere Haltung einnehmen; bis wir Geduld genug haben, eine ganze Anzahl von Geheimnissen als solche hinzunehmen und auf eine Erklärung zu warten, die wirklich eine ist, anstatt auf jede Erklärung hereinzufallen, die die Sache nur wegerklärt. Ich hege den Verdacht, dass die Antwort darauf mehr mit der menschlichen Würde zu tun hat als mit deren Gegenteil und eher mit der Fremdheit der Menschen auf dieser fremden Erde zusammenhängt als mit den nackten Brutalitäten, die ihn an den seelenlosen Staub binden.

Es überrascht nicht, dass einem Zeitalter, in dem die Menschen so düstere und pessimistische Auffassungen vom Ursprung des Lachens haben, auch in der Kunst und Literatur das schlichte, herzhafte Lachen verloren gegangen ist. Und ich bilde mir ein, sogar diejenigen, die behaupten, dass wir mehr Humor produzieren, müssen zugeben, dass wir weniger Lachen hervorrufen. Aber das Gift der erwähnten unmenschlichen Häresie hat eine merkwürdige Rückwirkung auf die Praxis jener, denen diese Theorie zu Ohren gekommen ist. Ursache und Wirkung verkehren sich. Vielleicht gibt es nur in einer sehr humorlosen Zeit Pedanten, die alle Fröhlichkeit auf Bosheit zurückführen. Vielleicht hat schon der Gedanke an die Möglichkeit eines solchen Ursprungs die Fröhlichkeit weniger fröhlich und humorvoll, wenn nicht sogar boshafter gemacht. Jedenfalls herrscht in unserer modernen Kultur die Neigung, bestenfalls das Lächeln zu dulden, das Lachen aber zurückzudrängen. Dabei ist hier noch dreierlei zu unterscheiden. Erstens kann das Lächeln unversehens zu einem Grinsen werden. Zweitens hat das Lächeln leicht etwas Privates und sogar Verhohlenes, besonders wenn es ein klein bisschen verrückt ist; das Lachen hingegen ist allgemein und gesellig und vielleicht die einzig echte überlebende Form eines allgemeinen Willens. Und drittens setzt sich offenes Lachen der Kritik aus, ist unschuldig und arglos und hat jene Art Menschlichkeit, die etwas mit Demut zu tun hat. Man kann unsere gegenwärtige Kulturkritik sehr gut mit einem Menschen vergleichen, der einen Lachenden belächelt. In jedem modernen Roman kann man etwa lesen: »Gringsby rieb sich das Kinn und lächelte dabei überlegen.« Selbst in einem Roman lesen wir selten: »Gringsby warf seinen Kopf zurück und brüllte vor überlegenem Lachen.« Wenn Gringsby sich so weit vergisst, dass er lacht, hat er seine vollkommene Gringsby'sche Überlegenheit bereits aufgegeben, um derentwillen er in vornehmen Kreisen so berühmt ist und derentwegen ihm so viele seiner Mitmenschen so gerne einen Fußtritt versetzen möchten. Denn es ist ein großer Irrtum, anzunehmen, dass weniger Grausamkeit herrscht, seitdem die gute alte Sitte der Fußtritte abgeschafft ist. Mr. Gringsby darf jetzt grausam sein, weil einfachere und bescheidenere Menschen auf das unschuldige Vergnügen verzichten müssen, ihm einen Fußtritt zu geben. Wenn Mr. Gringsby lächelt, so liegt darin unendlich mehr boshafte Grausamkeit als im Herzen des einfachen Mannes, der seinen Stiefel in Bewegung setzt. Das Hauptkennzeichen der allermodernsten Veränderung in der Welt besteht darin, dass sanftere soziale Manieren nicht mit wärmeren sozialen Gefühlen zusammengehen. Wir stehen einem völligen Mangel an sozialer Kameradschaft gegenüber, wie sie sich ehemals in einem rauen Lachen oder einem normalen Spott kundtat. Die Menschen dieser älteren Kameradschaft haben oft ungerechterweise irgendeinen Taugenichts oder einen Fremden verabscheut, aber sie mochten sich untereinander viel lieber, als sich heute die ganze Masse unserer Literaten leiden mag. In den Lagern, wo die Schurken des Bret Harte mit Revolvern herumfuchtelten, und in den Trinkkellern, wo man Mr. Bardell den Maßkrug auf den Kopf schlug, herrschte mehr Gemeinschaftsgefühl als in vielen intellektuellen Zirkeln, in denen die Seele schließlich ganz vereinsamt wie in der Hölle, wo jeder Kopf für sich in einem Eisloch steckt. Deshalb stehe ich in dem modernen Kampf zwischen Lächeln und Lachen ganz auf der Seite des Lachens. Lachen hat etwas mit den alten Stürmen des Glaubens und der Begeisterung gemeinsam; es taut den Stolz auf und öffnet die Verschlossenheit; es lässt die Menschen sich selbst vergessen vor etwas Höherem, vor etwas, dem sie nicht widerstehen können, wie man von einem Witz sagt, dass er unwiderstehlich sei. Der Heilige freut sich an guten Dingen und versagt sie sich. Der Heuchler verachtet sie und genießt sie. Aber wenn er einen guten Witz hört, der ihm wirklich gefällt, dann kann er den nicht verachten. Bei dieser fürchterlichen apokalyptischen Gelegenheit lächelt er nicht; er lacht.

(1936)

Was heißt »vulgär«?

Vulgärsein ist eine echt moderne Erfindung, wie das Telefonieren oder das Bedienen des Radioapparats. Man kann zwar mit Recht behaupten, dass das Telefon weniger ein Folterinstrument ist als die Daumenschraube oder der Stock oder dass andere Zeiten eben andere Laster hatten, die schlimmer waren als diese neue Untugend. So wie sich in Leonardos Zeichenbüchern fantastische Skizzen von Flugzeugen finden und bei den alten griechischen Philosophen Gedankengänge, die denen der modernen Physik verwandt sind, so findet man auch in der Geschichte hie und da schon eine Andeutung oder eine Vorahnung der großen goldenen Vision der Vulgarität, die später über die Welt hereinbrechen sollte, zum Beispiel in jenem Gestank der punischen Plutokratie, der den Griechen und Römern so in die Nase stach, oder in Ausfällen von schlechtem Geschmack bei einem Ästheten, wie Nero einer war.

Trotz alledem ist die Sache so neu, dass die Welt noch keinen richtigen Namen dafür gefunden hat, sondern sich einer irreführenden Bezeichnung bedient, die eigentlich ein lateinischer Ausdruck für etwas ganz anderes ist. So müssen wir weiterhin das griechische Wort für Bernstein als einzigen Namen für die Elektrizität gebrauchen, weil wir nicht wissen, was der wirkliche Name oder die wirkliche Natur der Elektrizität ist. Und so müssen wir auch weiterhin das Wort *vulgus* gebrauchen, das eigentlich nur das gewöhnliche Volk bezeichnet, um etwas zu beschreiben, das gewöhnlich nicht unter dem gewöhnlichen Volk zu finden ist.

Denn durch weite Strecken der menschlichen Geschichte und über weite Räume unserer Erde ist die Vulgarität im gewöhnlichen Volk ganz ungewöhnlich. Bauern, die in einer alten bäuerlichen Überlieferung leben, Landleute in normalen Dörfern, sogar Wilde in wilden Stämmen sind kaum je vulgär. Selbst wenn sie sich gegenseitig umbringen oder zu Sklaven machen, und wenn sie sogar Menschenopfer bringen oder Menschenfleisch essen, sind sie nicht vulgär. Alle Reisenden bezeugen die natürliche Würde ihrer Haltung und den feierlichen Ernst ihrer Sitten. Selbst in vielschichtigen modernen städtischen Gemeinwesen und Kulturen ist der Arme als solcher nicht besonders vulgär.

Nein, Vulgarität ist etwas Neues, das einen neuen Namen braucht und noch dringender eine neue Begriffsbestimmung. Ich will damit nicht sagen, dass ich Vulgarität definieren kann, aber da ich gerade ein modernes Buch über die Liebe gelesen habe, kann ich doch vielleicht einige Vorschläge machen.

Insoweit ich in das Wesen der Vulgarität einzudringen vermag, wird sie durch zwei Hauptzüge gekennzeichnet: durch Hemmungslosigkeit und durch

Ehrfurchtslosigkeit. Ersteres bedeutet, dass einer sich buchstäblich »ausgießt«, dass er seine Sätze so dahinrinnen lässt, ohne jede Anstrengung, ohne Auswahl und Prüfung. Ein solcher Mensch spricht nicht in ausgewählten und gezielten Worten, die durch ein sie artikulierendes Organ gehen, sondern er schwitzt einfach alles aus. Er hört niemals auf, sich selbst zu erklären, denn er kennt weder sich selbst noch die Grenzen einer Erklärung. Er versteht etwas von Frauen und verträgt sich auch mit den Burschen. Es fällt ihm leicht, sich zu unterhalten, zu schreiben, in der Öffentlichkeit zu reden, denn seine Selbstzufriedenheit ist von einer dicken Wolke eingebildeter Zustimmung eingehüllt.

Das zweite Element, das der Ehrfurchtslosigkeit, kann man auch Unehrerbietigkeit nennen. Horaz spricht so vom *profanum vulgus*, vom unehrerbietigen Volk, und es stimmt, dass die vertrauliche Unehrerbietigkeit, die im Verlust der Ehrfurcht besteht, eine Sünde gegen das mystische Geheimnis im Menschen ist. In der Praxis heißt das, die Dinge zutraulich und verächtlich behandeln, ohne Sinn dafür, dass alles in seiner Art heilig ist. Ihre neueste Variante besteht in der Bereitwilligkeit, uferloses Geschwätz über jeden Aspekt eines ernsthaften Gegenstandes zu Papier zu bringen; denn über einen frivolen Gegenstand kann man sich nicht eigentlich vulgär auslassen.

Ein solcher Narr ist nämlich so von sich selbst eingenommen, dass es ihm gar nicht in den Sinn kommt, sich vor einem Gegenstand zu fürchten. Zum Beispiel kann einer ebenso gut ein heidnischer wie ein puritanischer Narr sein, wenn er über die Moral redet. Im ersten Fall wird er ein uferloses Geschwätz über die Liebe und Leidenschaft und das Recht des Sichauslebens von sich geben, im ändern Fall ein ebenso uferloses Geschwätz über christliche Mannhaftigkeit und gesunde Jugend und edle Mutterschaft. Das Schlimme dabei ist nur, dass sie mit alldem auf so infernalisch vertrautem Fuß stehen.

Diesen Ton findet man nie, wenn zum Beispiel ein wirklich Liebender über die Frau schreibt, die er liebt, oder ein wirklich Heiliger über die Sünde, die er hasst. Beide sagen das Richtige, weil sie sonst lieber nichts sagten.

(1933)

Warum die Philosophie wieder auflebt

Wenn ein Mensch keine Philosophie hat, kann ihm Schreckliches zustoßen – das ist der letzte Grund für das Wiederaufleben der Philosophie. Ein solcher Mensch mag praktisch sein, er mag fortschrittlich sein; er mag auf Tüchtigkeit Wert legen, an Erfolg, an Entwicklung glauben; er wird vielleicht immer das Nächstliegende tun, er wird Taten verrichten und Worte verschmähen. Doch wenn ein blindes und törichtes Schicksal ihm auf diese Weise Schlag auf Schlag versetzt hat, wird er auf ein elendes Ende zustolpern, ohne Trost außer einer Reihe von Schlagworten, von denen ich gerade eine Auswahl geboten habe. Diese Schlagworte sind nichts als ein Ersatz für Gedanken oder die Anhängsel und Schwänze von anderer Leute Gedanken. Wer auf eine eigene Philosophie verzichtet, hat nicht einmal die Vorteile eines wilden Tieres, das sich seinen Instinkten überlassen kann. Er wird nur die abgenützten Reste einer fremden Philosophie übernehmen. Tiere tun das nicht, deshalb sind sie so glücklich. Die Menschen aber können immer nur das eine von beiden: Entweder haben sie eine bewusste und vollständige Philosophie, oder sie übernehmen unbewusst die Bruchstücke einer unvollständigen, erschütterten oder bereits widerlegten Philosophie. Die Phrasen, die ich soeben zitiert habe, bestehen aus solchen Bruchstücken. Der Gedanke, praktisch zu sein und ganz auf sich selbst zu stehen, ist alles, was vom Pragmatismus übrig geblieben ist, der aber selbst durchaus nicht »auf sich selbst steht«. Man kann nicht »praktisch« sein ohne ein Pragma. Aber was würde wohl passieren, wenn man zu dem nächstbesten praktischen Menschen hinginge und den armen Teufel fragte: »Was ist dein Pragma?« – Das Nächstliegende tun, ist ebenfalls offensichtlich Unsinn, auch wenn es so in vielen Poesiealben steht. In neun von zehn Fällen bedeutet es, dass man die Arbeit tut, zu der man gar nicht geeignet ist, wie Fenster putzen oder einen Polizisten verhauen. »Taten – nicht Worte«, ist wiederum nur eine andere Spielart von »Worte – nicht Gedanken«. Einen Stein in einen Teich werfen ist eine Tat, aber ein Wort kann den Gefangenen an den Galgen bringen. Allerdings gibt es auch unnütze Worte, und aus ihnen setzt sich zum größten Teil eine gewisse journalistische Philosophie und volkstümliche Wissenschaft zusammen.

Manche Leute haben Angst, dass die Philosophie sie langweilen oder verwirren könne, weil sie meinen, sie bestehe nicht nur aus einer Reihe von langen Worten, sondern es stecke noch ein Dickicht komplizierter Begriffe dahinter. Diese Leute verkennen völlig die heutige Lage, denn das ist ja gerade der Übelstand, unter dem wir so zu leiden haben, und zwar hauptsächlich, weil wir keine Philosophie haben. Die Zeitungen und die Politiker gebrauchen ständig schwierige Wörter. Es ist kein ausreichender Trost, dass sie sie meistens falsch gebrauchen. Die politischen und sozialen Verhältnisse sind bereits hoffnungslos verwickelt. Sie sind verwickelter als die ganze mittelalterliche Metaphysik. Im Mittelalter hatte man den roten Faden, mit dessen Hilfe man sich durch die Verwickeltheiten hindurchfand, während einem heutzutage nichts dergleichen zu Gebote steht. Die wichtigsten Praktiken von heute, wie zum Beispiel die finanzielle und politische Korruption, sind schrecklich kompliziert. Wir begnügen uns damit, sie zu dulden, gerade weil wir sie nicht richtig verstehen und sie auch nicht verstehen wollen. Die Geschäftswelt benötigt eine Metaphysik, um wieder einfach zu werden.

Ich weiß, dass diese Worte nur Ärger erregen und die grimmige Erwiderung, dass man für solche unsinnigen Paradoxe keine Zeit habe; vonnöten sei ein praktischer Mensch, der komme und die Unordnung beseitige. Ohne Zweifel wird so ein praktischer Mensch auftauchen, einer aus der endlosen Reihe der praktischen Menschen; er wird kommen und vielleicht ein paar Millionen für sich beiseiteschaffen, und er wird das Durcheinander noch verwirrender machen; wie es die anderen praktischen Menschen vor ihm auch getan haben. Solche gedankenlosen und primitiven Leute vergrößern nur die Verwirrung, weil sie sich gleichzeitig von mehreren verschiedenen Impulsen antreiben lassen, zwischen denen sie nicht unterscheiden können. Sie haben in ihrem eigenen Hirn bereits hoffnungslos miteinander verquickt: 1. ein herzhaftes, menschliches Verlangen nach Geld, 2. den ein wenig heuchlerischen und oberflächlichen Wunsch, fortschrittlich zu sein und mit der Welt im Einklang zu leben, 3. den Willen, nicht als alt zu gelten und mit den Jungen noch Schritt halten zu können, 4. ein gewisses Maß von unklarem, aber echtem Patriotismus oder Gemeinsinn und 5. die irrigen Anschauungen des H. G. Wells, denen dieser in seinem Buch über Evolution anheimgefallen ist. Wenn ein Mann dies alles in seinem Kopf vereinigt und nicht einmal den Versuch unternimmt, es säuberlich auseinanderzuhalten, dann ist er nach allgemeiner, beifälliger Übereinstimmung ein Praktiker. Aber man kann nicht von ihm erwarten, dass er das praktische Durcheinander in Ordnung bringt. Wenn er das eigene Durcheinander nicht entwirren kann, dann noch viel weniger das des hoch komplizierten öffentlichen und kulturellen Lebens. Merkwürdigerweise sagt man gewöhnlich, dass der Praktiker weiß, was er will. Aber genau das stimmt nicht.

Er mag, wenn es gut geht, wissen, was er möchte, wie ein Hund oder ein zweijähriges Kind, aber nicht einmal dann weiß er warum. Und gerade das »Wie« und das »Warum« müssen wir erwägen, wenn wir aus unserer verfilzten Kultur herausfinden wollen. Wir brauchen keinen Politiker, der ein guter Geschäftsmann ist, sondern, wie bereits die Alten wussten, einen König, der ein Philosoph ist.

Wegen des »Königs« bitte ich um Entschuldigung, so wörtlich ist das nicht gemeint. Aber ich schlage vor, dass es zu den Aufgaben eines Philosophen gehören sollte, bei solchen Wörtern innezuhalten und ihre Bedeutung oder Bedeutungslosigkeit zu erwägen. Die römische Republik und ihre Bürger verabscheuten bis zuletzt das Wort »König«. Deshalb erfanden sie das Wort »Kaiser« und zwangen es auch uns auf. Die großen Republikaner, die Amerika gegründet haben, verabscheuten ebenfalls das Wort König. Deshalb musste es in besonderen Zusammensetzungen wie Stahlkönig, Ölkönig oder Schweinefleischkönig wieder auftauchen. Das Geschäft des Philosophen muss nicht darin bestehen, jede Neuerung zu verdammen oder eine Unterscheidung zu leugnen. Aber es ist seine Pflicht, zu untersuchen, was ihm oder andern an dem Wort König missfällt. Wenn es ihm nicht zusagt, dass ein Mann den gefleckten Pelz eines kleinen Tieres, Hermelin genannt, trägt oder dass einem Mann einmal von einem geistlichen Würdenträger ein Metallring auf den Kopf gesetzt wurde, dann wird er sich dementsprechend entscheiden. Wenn es ihm nicht zusagt, dass ein Mann ungeheure und unverantwortete Macht über andere Menschen hat, entscheidet er sich vielleicht anders. Wenn es ihm nicht behagt, dass ein solcher Pelz oder eine solche Macht einfach vom Vater auf den Sohn übergeht, dann wird er in Erfahrung zu bringen suchen, ob so etwas unter unseren kommerziell bestimmten Verhältnissen auch heute noch vorkommt. Jedenfalls wird er die Gewohnheit haben, eine Sache durch Nachdenken zu überprüfen und zu untersuchen, ob ihm ein Begriff gefällt oder missfällt und nicht etwa nur der Klang zweier Silben und der Anblick von fünf Buchstaben, deren erster ein K ist.

Philosophie sind Gedanken, die zu Ende gedacht sind. Das ist oft langweilig. Aber der Mensch hat nur die Wahl, sich von zu Ende gedachten Gedanken beeinflussen zu lassen oder von nicht zu Ende gedachten. Das Letztere nennt man heutzutage Kultur und Aufklärung. Aber der Mensch ist immer von irgendwelchen Gedanken beeinflusst, von seinen eigenen oder von fremden, von den Gedanken eines Menschen, dem er vertraut, oder von den Gedanken eines Menschen, von dem er noch nie gehört hat und der sie ihm aus erster, zweiter oder dritter Hand übermittelt, und vielleicht auch von Gedanken, die aus unhaltbaren Legenden oder unbestätigten Gerüchten stammen und dennoch die Andeutung einer Wertordnung mit sich führen und Vorurteile begründen. Der Mensch prüft immer die Dinge mit irgendetwas. Die Frage ist nur, ob er seine Prüfung überprüft hat.

Ich will ein Beispiel von Tausenden erwähnen. Wie verhält sich ein gewöhnlicher Sterblicher, wenn man ihm von einem außergewöhnlichen Ereignis, sagen wir einmal einem Wunder, erzählt, von etwas, das man ungenau übernatürlich nennt, das man aber besser außernatürlich nennen würde. Denn das Wort übernatürlich meint »über den Menschen hinaus«, und eine Menge moderner Wunder, stammen allem Anschein nach aus einem Bereich unterhalb des Menschen. Was also würden moderne Menschen sagen, wenn sie sich einem Ereignis gegenübersähen, das, wie man so schön sagt, nicht auf natürliche Weise erklärt werden kann. Nun – die meisten fangen sofort an, Unsinn zu reden. Wenn so etwas irgendwo vorkommt, in einem Roman oder in einer Zeitungsgeschichte, dann kann man immer als Erstes hören: »Aber, mein Lieber, wir leben doch im 20. Jahrhundert!« Man sollte doch besser einen kleinen Kurs in Philosophie auf sich nehmen, als sich eine so fürchterliche Blöße geben. Es ist im Grunde noch unsinniger und bedeutungsleerer, als etwa zu sagen: »Aber, mein Lieber, jetzt ist doch Dienstagnachmittag!«

Wenn keine Wunder geschehen können, dann ebenso wenig im 20. wie im 12. Jahrhundert. Wenn aber Wunder möglich sind, dann kann niemand beweisen, dass sie zu einer bestimmten Zeit unmöglich sind. Wenn man jedoch bloß behaupten will, dass man zwar im 12. Jahrhundert an Wunder glauben könne, aber nicht im 20., dann ist das wiederum falsch, sowohl der Theorie wie der Praxis nach. Theoretisch falsch, weil die vernünftige Anerkennung von Möglichkeiten nicht von einem Datum abhängt, sondern von einer Philosophie. Ein Atheist kann im 1. Jahrhundert ebenso wenig an Wunder glauben, wie ein Mystiker es auch noch im 21. Jahrhundert fertigbringt. Und in der Praxis ist diese Meinung falsch, weil es durchaus den Anschein hat, als ob es gerade im 21. Jahrhundert sehr viel Wunder und Wunderglauben geben wird, so sehr hat beides im 20. zugenommen.

Ich habe mich nur mit dieser ersten oberflächlichen Antwort auseinandergesetzt, weil schon in dem Umstand, dass sie die erste Reaktion ist, eine Bedeutung liegt und gerade ihre Oberflächlichkeit etwas Unbewusstes enthüllt. Eine solche Erwiderung ist fast automatisch, und dergleichen automatische Reaktionen sind in der Psychologie von Wichtigkeit. Wir wollen mit dem würdigen Herrn, der seine Zeitgenossen darüber informiert, dass sie im 20. Jahrhundert leben, nicht allzu streng ins Gericht gehen. Aus den geheimnisvollen Tiefen seines Wesens will sogar bei einem so ungeheuren Esel etwas ans Licht. Er kann nur nicht genau sagen, was er meint, und deshalb wäre es ratsam, wenn er für eine bessere philosophische Erziehung sorgte. Was er tatsächlich sagen will, ist ungefähr dies: Es gibt eine Theorie unseres geheimnisvollen Universums, der während der zweiten Hälfte des 18. Jahrhunderts und der ersten Hälfte des 19. Jahrhunderts immer mehr Leute zuneigten. Jedenfalls bis zu dieser Zeit erstarkte diese Theorie mit der Vermehrung der Erfindungen und naturwissenschaftlichen Entdeckungen, denen wir unsere gegenwärtige soziale Ordnung oder auch Unordnung verdanken. Diese Theorie besagt, dass Ursache und Wirkung von Anfang an in ununterbrochener Kette aufeinander gefolgt sind und dass hinter oder in diesem Schicksal kein bewusster Wille steckt. Und da dieser Wille fehle, müsse es ablaufen, wie eine Maschine abläuft, wenn kein Mensch sie wieder aufzieht. Im 19. Jahrhundert gab es zufällig mehr Menschen, die dieser Theorie des Universums anhingen, als im 9. Wenn man aber nun einmal dieser Meinung ist, dann ist es klar, dass man nicht an Wunder glauben kann. Das ist ganz selbstverständlich, aber auch das Gegenteil stimmt: Wenn man nicht dieser Meinung ist, kann man an Wunder glauben.

Wenn jemand eine elementare philosophische Bildung genossen hat, dann hat er den Vorteil, einen Satz wie den: »Ob ein Vorgang Ausnahmen zulässt, hängt von der Natur des Vorgangs ab«, verstehen zu können. Verfügt man nicht über eine solche Bildung, so ist man insofern benachteiligt, als man sogar von einer so einfachen Binsenwahrheit nicht überzeugt ist und sie für metaphysisches Geschwätz hält. Dann geht man hin und sagt: »So etwas kann es im 20. Jahrhundert nicht geben«, was wirklich Geschwätz ist. Und doch könnte man jenen Satz mit ganz einfachen Worten erklären. Wenn man einen Fluss Tag um Tag und Jahr um Jahr bergab fließen sieht, dann kann man sich mit Recht darauf verlassen oder sogar darauf wetten, dass er es bis an unser Lebensende tut. Aber es ist nicht gerechtfertigt zu behaupten, dass der Fluss nicht bergauf fließen kann, wenn man nicht weiß, warum er bergab fließt. Wenn man sagt, das sei die Wirkung der Schwerkraft, so ist das physikalisch, aber nicht philosophisch geantwortet. Damit wird nur die Behauptung wiederholt, und die tiefere Frage, ob diese Wiederholung durch irgendetwas von außen unterbrochen werden könne, wird nicht berührt. Und das wieder hängt davon ab, ob ein solches »von außen« überhaupt existiert. Man stelle sich einmal vor, ein Mensch habe den Fluss nur im Traum gesehen. Der Traum kann sich hundertmal wiederholt haben, und immer ist der Fluss darin bergab geflossen. Aber das würde nicht hindern, dass es im hundertundersten Traum anders ist und der Fluss den Berg hinaufklettert; denn ein Traum ist ein Traum, und es gibt noch etwas außer ihm. Reine Wiederholung ist kein Beweis für Wirklichkeit oder Notwendigkeit. Wir müssen die Natur der Sache und die Ursache der Wiederholung kennen. Wenn die Natur einer Sache darin besteht, dass sie geschaffen ist und ihre Ursache ein Schöpfer ist, mit anderen Worten, wenn die Wiederholung selbst nur der wiederholte Wille einer Person ist, dann ist es für die betreffende Person nicht unmöglich, etwas anderes zu wollen. Wenn ein Mensch, der an einen Schöpfer glaubt, ein Narr ist, dann ist er auch ein Narr, wenn er an Wunder glaubt. Aber nicht umgekehrt. Dann ist er nur ein Philosoph, der in seiner Philosophie konsequent ist. Der moderne Mensch kann seine Philosophie frei wählen. Aber woher kommt es, dass der moderne Mensch seine eigene Philosophie gar nicht kennt, sondern nur über bestimmte Phrasen verfügt? Über die spiritistische Botschaft eines Spiritisten und über die ärztlich bezeugte Wunderheilung von Lourdes kann er nur Phrasen dreschen oder bestenfalls Vorurteile äußern.

Wenn also ein glänzender Geist wie Wells sagt, dass die Vorstellung des Übernatürlichen für »intelligente

Menschen« unmöglich sei, dann redet er in diesem Fall selbst nicht wie ein intelligenter Mensch. Er redet unphilosophisch, weil er nicht einmal sagen kann, was er meint. Er will sagen: unmöglich für intelligente Monisten oder intelligente Deterministen. Aber es ist kein Mangel an Intelligenz, wenn man eine logische und folgerichtige Auffassung von unserer geheimnisvollen Welt hat. Es ist kein Mangel an Intelligenz, zu denken, dass alle Erfahrung ein Traum sei. Es ist nicht unintelligent, sie für eine Täuschung zu halten, wie es alle Buddhisten tun, oder gar für das Ergebnis eines schöpferischen Willens, wie die Christen. Man sagt immer, man sollte die Menschen nicht so scharf nach ihren Religionen trennen. Ein unmittelbarer und notwendiger Fortschritt würde schon darin liegen, die Menschen klarer und schärfer nach ihrer jeweiligen Philosophie einzustufen.

(1928)

Das
Ende der Moderne

Alle Denkrichtungen, seien sie nun gemäßigt, revolutionär oder reaktionär, stimmen darin überein, dass die Zukunft voller neuer Möglichkeiten und Gefahren stecke, dass die verschiedenen Formen des Aufstandes in Kunst und Wissenschaft die Vorboten großer Veränderungen seien und dass vor allem gewisse teils schöpferische, teils zerstörerische Geister die Tore zu einer neuen Welt aufgestoßen hätten. Die Kommunisten halten sie für die Tore zum Himmel, während die Konservativen sie für die Pforten der Hölle halten. Doch beide sind einmütig der Überzeugung, dass es sich hierbei nicht um das Ende einer Welt handelt, sondern um einen neuen Anfang. Die modernen Schriftsteller hat man abwechselnd als dynamisch oder als dämonisch begrüßt; aber im Guten wie im Bösen gelten sie nur als Vorläufer. Darüber herrscht auf beiden Seiten herzliches Einverständnis. Nur ich habe das Pech, beiden widersprechen zu müssen.

Was man grob »Futurismus« nennen könnte, hat meiner Meinung nach gar keine Zukunft. Es hat eine sehr lebendige und interessante Gegenwart. Es hat auch bereits eine pittoreske, romantische Vergangenheit. Das Leben von D. H. Lawrence zum Beispiel ist schon jetzt zu einer bloßen Legende geworden, die aus ältesten Zeiten stammen könnte, und der romantische, fast sentimentale Glanz, der ihn umgibt, ist so fern und undeutlich wie der Schimmer, der sich um das Haupt von Byron oder Burns gesammelt hat. Für die Gegenwart gilt, dass eine Zeit, in der Aldous Huxley schreibt, nicht langweilig sein kann; aber man muss sich doch sehr genau ansehen, was er schreibt. In Brave New World mag er zwar eine grimmige Freude an der Gegenwart empfinden, aber er hasst ganz entschieden die Zukunft. Ich glaube nur nicht, dass es eine solche hassenswerte Zukunft gibt.

Ich habe nur diese zwei Namen genannt, weil sie typisch sind für das, was man in den letzten zehn Jahren den Aufstand der Moderne genannt hat. Aber die These, die ich vorbringen möchte, bezieht sich auf etwas Umfassenderes und vielleicht Simpleres. Das revolutionäre Element in unserer Zeit bedeutet nicht den Anfang, sondern das Ende einer Epoche der Umwälzungen. Ich habe Bedenken, eine Anzahl hervorragender und hochgeehrter Herren der Literatur als »Hefe« zu bezeichnen, sonst hätte ich meinem Artikel diese kurze und passende Überschrift gegeben. Ich will lieber dieselbe Ansicht oder vielleicht sogar dieselbe Metapher in die Worte eines revolutionären Dichters kleiden (dessen gegenwärtige Unbeliebtheit hinreichend anzeigt, wie unsicher die Zukunft revolutionärer Dichter ist) und, während ich auf das Andenken von Lawrence und auf das Wohl von Huxley mein Glas leere, die Worte murmeln:

Ganz dein der letzte Wein, den ich ausschenke
Der letzte aus dem Kelche, den ich schlürfe.

Hier ist dasselbe mit weniger unfreundlichen Worten gesagt. Noch anders ausgedrückt: Es ist sicher richtig, dass – wie einer gesagt hat – das Trankopfer der Freiheit manchmal mit Blut vermischt werden musste, aber ob es nun Blut oder Wein war – jetzt ist dieser Kelch fast leer. Diese meine Ansicht hat nichts mit Vorliebe und Abneigung zu tun oder mit dem Wunsch als Vater des Gedankens. Sie ist rein logisch begründet, wie in der Mathematik oder beim Schachspiel. Allen modernen moralischen und metaphysischen Systemen, wie sie von den Modernen selbst entworfen sind, könnte ich »Matt in drei Zügen« ansagen. Oder, um das mathematische Bild mit dem militärischen zu vertauschen: Ihre Stellungen sind umgangen, ihre Verbindungen abgeschnitten und ihre Munition offensichtlich knapp. In vielen Fällen kann der Aufstand seiner Natur nach nur von kurzer Dauer sein. Bloß um zu erklären, was ich meine, will ich zunächst ein grobes, vielleicht sogar ungeschicktes Beispiel wählen. Es betrifft nicht die erwähnten besseren Vertreter dieser Bewegung, aber es zeigt schlicht und klar, inwiefern solche Dinge äußerst vergänglich sind: Ich meine den literarischen Gebrauch der Blasphemie. Als der revolutionäre Geist noch frisch und neu war, machten einige geniale Männer ausgiebig von ihr Gebrauch. Swinburne zum Beispiel, bei dem sie heute ihren Stachel völlig verloren hat. Neulich fragte ein moderner Schriftsteller, der sich gerade mit Swinburne befasste, ein wenig müde, warum sich jemand über Verse aufgeregt habe, die etwa besagen, dass der Galiläer doch jetzt endlich einmal sterben sollte. Auch das schöne literarische Werk und die wirre kosmische Philosophie eines Thomas Hardy werden sehr dadurch beeinträchtigt, dass er gleichzeitig zu sagen versucht, es gebe keinen Gott und er sollte sich seiner Existenz schämen, und vielleicht auch, er sollte sich schämen, nicht zu existieren.

Dieses gereizte Lästern, das heute unter gebildeten Leuten ziemlich schal geworden ist, hat bei den Kommunisten noch seine ganze Frische bewahrt; aber das kommt nur daher, dass der bolschewistische Staat der zurückgebliebenste Europas ist. Man hat atheistische Parolen auf Streichholzschachteln gedruckt und sie in England als Propaganda zu vertreiben versucht. Was müssen die drüben für eine seltsame Vorstellung von England haben, wenn sie annehmen, dass eine fast phlegmatische Bevölkerung durch grobe Worte zu einem allgemeinen Bürgerkrieg aufgewiegelt werden könnte. Doch hier geht es nur darum zu zeigen, dass diese Art »starker Sprache« sich mit der Zeit abnützen muss. Die Literatur des Atheismus rennt notwendigerweise offene Türen ein, sobald sie Erfolg hat. Die Bolschewisten haben nicht nur versucht, Gott abzuschaffen, was sicherlich ein Trick ist, der schon einige Geschicklichkeit erfordert, sondern sie haben sogar versucht, die Abschaffung Gottes zu einer ständigen Einrichtung zu machen, und wenn Gott abgeschafft ist, wird auch noch die Abschaffung abgeschafft. Die Literatur der Gotteslästerung kann keine Zukunft haben; wenn sie versagt, versagt sie, und wenn sie Erfolg hat, wird sie geachtete Literatur. Kurzum, diese Art Wirkung kann nur auf der Stelle eintreten, so wie man eine wertvolle Vase nur einmal zerschmettern kann. Die Geste, die den Himmel herausfordert, ist nur als letzte wirkungsvoll. Gotteslästerung ist per definitionem das Ende von allem, den Gotteslästerer eingeschlossen. Schon Hiobs Weib hatte das erkannt, wenn sie zu Hiob sagte: »Fluche Gott und stirb!« Der moderne Dichter übersieht das oft gedankenlos und stirbt nicht.

Das ist ein sehr grobes, aber allgemein verständliches Beispiel; es zeigt deutlich, dass all diese tödlich dynamischen Kräfte die Saat ihres eigenen Untergangs in sich tragen. Und wenn wir uns den scharfsinnigeren und wirkungsvolleren Schriftstellern zuwenden, wie ich sie bereits genannt habe, dann sehen wir, dass auch sie sich in der gleichen Lage befinden. Sie öffnen nicht die Tore zu Himmel oder Hölle, sie stecken in einer Sackgasse, die keinen Ausweg kennt. Sie philosophieren und haben keine Philosophie. Sie haben weder die Wirklichkeit und den Grund aller Dinge erreicht, noch haben sie die Grundlosigkeit aller Dinge gefunden, die sie offensichtlich und ausgesprochenermaßen suchten. Aber – und das ist in diesem Zusammenhang noch wichtiger – sie wissen nicht einmal, im Gegensatz zu den alten Revolutionären, die Richtung, in der sie suchen sollen. Es ist ihnen nicht gelungen, den Sinn der Welt zu entdecken, nicht einmal den Sinn ihres Wollens. Sie sind fertig, ohne an ein Ende gekommen zu sein. Ehemals fühlten sich die Rebellen glücklich als Pioniere der Fortschrittsbewegung ihrer Zeit, so Walt Whitman, als er, die Axt in der Hand, den Marsch in die Demokratie anführte. Aber Huxley kann man mit Demokratie nicht mehr begeistern. Und Lawrence wurde durch das Wort Industrialismus schon gereizt.

Dabei liegt im Grunde die Sache ganz einfach. Lawrence, den so viele Leser für einen Prüfstein der Modernität halten, lehnte sich leidenschaftlich gegen alles auf, was man modern heißen könnte. Er hasste nicht nur die Industriemaschinen und die Sklavengesellschaft, die sie hervorgebracht haben, er hasste eigentlich auch alle Folgen der Wissenschaft und der staatlichen Erziehung und sogar den politischen Fortschritt.

Das ist alles gar nicht verwunderlich; doch neben dem Industrialismus hasste er auch den Intellektualismus, obgleich ich mir nicht vorstellen kann, was die beiden miteinander zu tun haben sollen. Er hatte auch ganz recht, sich gegen das aufzulehnen, was ihm zuwider war, nur dass dies alles ausgerechnet lauter moderne Dinge waren. Er selbst hatte viel mehr für die ganz alten Dinge übrig und vor allem für das Älteste, was es auf Erden gibt, für die große Mutter Demeter nämlich. Aber er konnte auch das nicht, ohne, wie er selbst sagt, sich den Kopf abzuschneiden. Und das bedeutet, wenigstens für einen Denker, so viel wie sich die Kehle abschneiden. Er bekennt selbst, dass er Demeter nur vom Hals abwärts verehren könne. Er konnte es nur, indem er sein Unterbewusstsein gegen sein Bewusstsein setzte oder die Träume gegen das Tageslicht. Das ist sicher ein seltsames Evangelium für das Zeitalter des Realismus. An einer berühmten Stelle schrieb er: »In meinem dunklen Herzen gibt es Götter«, aber, fügte er hinzu, »nicht in meinem weißen Geist«, weil die Erziehung sie dort herausgewaschen oder übertüncht habe. Der moderne gebildete Geist ist jedoch nicht weiß, sondern nur blass.

Von jedem Standpunkt aus, ob alt oder neu, ist seine Lösung keine Lösung. Man kann nicht seinen Kopf zu Hause lassen und seinen übrigen Körper nach Belieben durch die Welt tanzen lassen, und man kann nicht annehmen, dass er aus irgendeinem Grund dann noch das tut, was er tun soll. Wenn er essen möchte, wird er stehlen, und zwar genauso gern aus kommunistischen Vorratslagern wie aus den Häusern der Privatkapitalisten. Das ist kein Anfang eines neuen Lebens; ein üppiger Dschungel öffnet sich vor dem Menschen, der eine Art Mowgli wird. Es ist der Schluss aus einem völlig unmöglichen Argument, das nicht weitergeführt werden kann. Ein Mensch, der mit den Tieren in der Erde wühlt, wird dadurch kein Tier. Er wird nur ein Verrückter, was das genaue Gegenteil eines Tieres ist. Es gibt keinen Ausweg aus dem intellektuellen oder anti-intellektuellen Engpass, in den Lawrence sich hineinbegeben hatte – außer dem dritten Weg, an den er nie gedacht hat … vielleicht, weil er nach Rom führt. Wenn der reine Rationalismus nicht genügt, muss man ihn übersteigern, nicht unterbieten. Die unmittelbare Hinwendung zur Natur ist gänzlich unnatürlich. Die Pantheisten der ersten, jetzt so fernen revolutionären Phase haben da noch einige schwache Zugeständnisse gemacht. Und viele, die als fromm gelten könnten, fanden nichts dagegen einzuwenden. Professor Babbitt hat auf einige dieser gefährlichen Zugeständnisse bei Wordsworth hingewiesen. Ein Schriftsteller, dessen Rechtgläubigkeit niemand anzweifeln wird, gibt dem Irrtum dieser

Zeitperiode Ausdruck, wenn er sagt, dass wir durch die Natur zu dem Gott der Natur emporsteigen müssten. Das ist falsch. Wir müssen von Gott zu seiner Natur herabsteigen. Die Natur ist nur in Ordnung, wenn sie im Licht der höchsten Ordnung gesehen wird, ob diese nun, wie die Humanisten sagen, im Geist des Menschen oder, wie die Christen sagen, im Geist Gottes ist. Aber die Pantheisten glaubten wenigstens wirklich an ihren Gott, und Lawrence glaubte nicht wirklich an seine Göttin. Er leugnete leidenschaftlich alles und glaubte nur das, was er eigentlich nicht glauben konnte.

Aldous Huxley, das andere hervorragende Talent dieser Zeit, sieht diese Unmöglichkeit und geht ihr aus dem Weg. Aber er kann es nur, indem er sich selbst den Ast absägt, auf dem er sitzt. Eine seiner Romangestalten fasst die Lehre des Autors zusammen, wenn sie sagt, dass der Mensch nicht hoffen dürfe, ein Tier oder ein Engel zu sein. Bedeutsam fügt er hinzu, dass das Ganze eine Art Seiltänzerkunststück sei. Nun ist Seiltanzen schwierig und gefährlich, und unser Autor macht sich damit das gute Leben noch schwieriger, als es sich ein Asket macht. Er muss nicht nur vermeiden, ein Tier zu sein, sondern er muss sich auch vor dem unglücklichen Zufall hüten, der ihn in einen Engel verwandeln könnte. Das heißt, die Begeisterung und die geistliche Sehnsucht, von denen die Heiligen getragen werden, ist ihm verboten, und doch soll er bei klarem und kaltem Bewusstsein etwas noch viel Außergewöhnlicheres werden als ein Heiliger. Niemand verlangt von einem Realisten, wie Huxley es ist, das Reale zu idealisieren. Aber ein solcher Realist muss wissen, dass der Mensch nicht jeden Augenblick die Kraft und Wachsamkeit eines geistlichen Seiltänzers aufbringen kann, dass er für dieses Ideal nicht übermenschlich leiden kann und trotzdem sein eigenes Ideal nicht einmal idealisieren darf. Eine solche Lebensweise ist offensichtlich undurchführbar, während die Lebensweise der wildesten Mystiker und Märtyrer sich als durchführbar erwiesen hat.

Ich sage das nicht, um diese Leute als die Ersten einer vorrückenden Schar von Anarchisten zu verschreien. Im Gegenteil, ich bewundere sie als die Letzten einer besiegten Schar. Diese beiden ursprünglichen und kraftvollen Schriftsteller stehen in meinen Augen für viele andere. Aber sie befinden sich nicht wie die historischen Anarchisten an der Spitze einer Armee, die in eine bestimmte Richtung marschiert. Das ganz sicher nicht. Lawrence geht gegen alles vor. Huxley, der der Empfindlichere ist, zieht sich von fast allem zurück. Aber wie wertvoll auch die lebendigen Beschreibungen des einen und die scharfe Kritik des anderen sein mögen, als Führer taugen sie nichts. Und erst recht nicht als Führer einer Revolution. Sie haben nicht die Einfachheit, die nur die Religion oder der Unglaube verleihen kann. Es hat etwas Großartiges, wie Lawrence blind im Dunkeln tappt, aber er war wirklich im Dunkeln, nicht nur in Bezug auf den Willen Gottes, sondern auch in Bezug auf den Willen des Herrn Lawrence. Er war bereit, überall hinzugehen. Aber er wusste wirklich nicht, wohin er sich zunächst wenden sollte. Huxley ist wirklich witzig, aber er ist mit seinem Witz am Ende.

Nun gibt es natürlich zahlreiche Nachahmer und Nachfolger, die sich revolutionär nennen und ganz genau zu wissen meinen, wohin sie gehen, nur weil sie sich mit einem so konventionellen Wort wie Kommunismus zufriedengeben. Schon das Wort Kommunismus hat etwas mit dem Wort Konvention zu tun. Aber das zeigt schon, was ich sagen wollte, dass nämlich der Armee das Pulver ausgeht und das Ende nahe ist. Zu Beginn der großen demokratischen Bewegung war sie von echten demokratischen Gefühlen getragen. Die Seele des Kommunismus muss die Kameradschaft sein, sonst hat er keine. Aber je genauer man sich die tatsächliche Meinung der Rebellen anschaut, desto mehr erkennt man, dass davon nicht mehr die Rede ist. Ihr Ton ist erbittert individualistisch und erbittert kritisch. Wenn Walt Whitman eine Menschenmenge anschaute, so konnte man wirklich sagen, dass er diese Menge liebte. Wenn ein moderner Dichter die freien Rhythmen Whitmans nachahmt, die nicht gerade das Freieste an ihm waren, und eine Menschenmenge beschreibt, dann beschreibt er immer seinen Ekel davor. Sie haben gar nicht die natürlichen Gefühle, die ihren unnatürlichen Lehren entsprechen. Mit anderen Worten, die Armee ist knapp an Pulver, knapp an Leidenschaft, knapp an allen ursprünglichen Triebkräften, die sie zum Handeln bringen. Denn sie sind keine vorwärts drängende Vorhut. Sie sind im Guten wie im Bösen das Ende eines revolutionären Abenteuers, das vor hundert Jahren begann und in dem nur noch Rückzugsgefechte geführt werden. Die Ideale: Freiheit, Gleichheit, Brüderlichkeit sprachen noch die Gefühle derer an, die zuerst diese Ausdrücke gebrauchten. Aber Brüderlichkeit ist wohl das Letzte, was man in der bitteren Prosa oder in dem Gedicht eines modernen Rebellen finden kann. Die Freiheit ist sowieso verloren, und von der Gleichheit bleibt nur der langweilige Versuch, eine Gleichförmigkeit zu erzielen, die einem sehr mechanischen Kapitalismus abgeschaut ist, den sie verwerfen.

Neben denjenigen, die den Kommunismus als eine Art Markenetikett betrachten oder fälschlich hoffen, ihn als Mode mitmachen zu können, gibt es noch einige, die sich in einer edleren, aber rein negativen Weise damit befassen, aus Gründen, die ich gerade vorgebracht habe. Sie klammern sich verzweifelt an ihn, weil sie hier den einzigen Ausweg aus einer intellektuellen Sackgasse sehen. So akzeptiert Middleton Murry die Sowjets mit der großartigen Geste eines alten Heiden, der den Selbstmord bejaht. Es scheint ihn der Gedanke zu erheben, dass dies das Ende von allem ist oder wenigstens das Ende von nahezu allem, was er liebt. Das ist wiederum ein Beispiel für die Psychologie, die ich zu beschreiben versucht habe, die Psychologie eines Menschen, der an ein Ende gekommen ist. Ich will diesen deutlichen Eindruck nicht durch ein verdrossenes journalistisches Gerede über Pessimismus verwischen. Huxley wird ein Pessimist genannt in dem Sinne, dass er ein Mensch ist, der aus allem das Schlimmste macht. Für mich ist er eine noch viel unheimlichere Gestalt, nämlich ein Mensch, der aus allem das Beste macht. Er gibt die besten Ratschläge, aber unter Voraussetzungen, die auf jeden Fall unmöglich sind. Ich bin diesen neueren realistischen oder revolutionären Schriftstellern gegenüber durchaus nicht feindlich gesinnt; im Gegenteil, sie tun mir sogar aufrichtig leid, denn im Gegensatz zu ihren Vorgängern wissen sie, dass sie in einer geistigen Falle stecken. Es gibt natürlich auch Tausende von überschäumend fröhlichen Neuerern, die für dieses Wissen nicht gescheit genug sind. Aber trotzdem liegt eine Untergangsstimmung über der gesamten Situation. Man kann sie in Tausenden von gedankenlosen Sex-Romanen wahrnehmen, deren Verfasser sich augenscheinlich gar nicht bewusst sind, dass sie im logischen Widerspruch zu den gesamten Phänomenen des Geschlechtlichen stehen. Sie haben die Vorstellung übernommen, dass das Geschlechtliche ein ernstes und entscheidendes Problem ist, denn das gehört notwendig zum Wesen des Romans. Darin sind sie die letzten Erben der Romantik, die ihrerseits die letzte Erbin der Religion war. Aber ihre neue simple Philosophie hat ihnen auch beigebracht, dass das Geschlechtliche zugleich eine Banalität sei und etwas so Unerhebliches wie etwa das Rauchen. So wird der moderne Romanschreiber hin- und hergerissen und muss versuchen, gewissermaßen eine Geschichte zu schreiben über einen Mann, der zwanzig Zigaretten raucht und jede für eine Lebensentscheidung hält. All das ist ein geistiges Gestrüpp, das einen unter Umständen erdrosseln und ersticken kann. Von derartigen Philosophen kann man buchstäblich sagen, dass sie, wenn man ihnen einen genügend langen Strick lässt, sich aufhängen werden. Deshalb ist es ein gewisser Trost, dass der Selbstmord in dieser Philosophie so hoch im Kurs steht.

(1933)

Wenn ich nur eine einzige Predigt halten könnte

Wenn ich nur eine einzige Predigt halten könnte, müsste es eine Predigt gegen den Stolz sein. Je mehr ich das Leben kennenlerne und besonders das moderne praktische Dasein, desto mehr überzeugt mich die alte religiöse These, dass alles Böse mit dem Hochmut anfing: Irgendwann einmal, als im Himmel jemand hohnlachte, barst sozusagen das Firmament wie ein Spiegel entzwei. Dieser These ist es seltsam ergangen. Sie ist theoretisch fast immer verworfen und praktisch fast überall anerkannt worden. Moderne Menschen glauben, gar nichts mit ihr zu tun zu haben, und das stimmt, sobald sie in Gestalt von theologischen Sätzen vorgetragen wird. Als reines Faktum jedoch ist sie ihnen so nah, dass sie sie nicht erkennen. Sie ist so sehr Teil ihres Geistes, ihres Handelns, ihrer Triebe, ich möchte fast sagen, ihres Leibes, dass sie sie hinnehmen und danach handeln, ohne es zu merken. Von allen moralischen Ideen ist dieser Gedanke am weitesten verbreitet und zugleich am unerkanntesten. Keine Wahrheit ist so fremd als Wahrheit und so vertraut als Tatsache.

Wir können das leicht und angenehm überprüfen. Nehmen wir einmal an, der Leser oder auch der Schreiber dieser Zeilen gehe in ein Wirtshaus oder an einen anderen Ort, der allen zugänglich ist. Es dürfte auch eine Untergrundbahn oder eine Straßenbahn sein, nur kann man sich da nicht so ausführlich und philosophisch unterhalten wie in dem altmodischen Wirtshaus. Jedenfalls muss es ein Ort sein, wo sich verschiedenartige, aber ganz normale Menschen versammeln; die meisten sind arm, weil eben die Mehrheit arm ist, einige sind auch recht wohlhabend, aber eben das, was man »gewöhnliche Sterbliche« nennt; jedenfalls eine Handvoll von Durchschnittsmenschen. Der Fragesteller also – nehmen wir das einmal an – nähert sich höflich diesen Leuten und eröffnet das Gespräch im leichten Plauderton. »Die Theologen«, sagt er, »sind der Meinung, dass einer der höheren Engelgeister selbst das Ziel der höchsten Verehrung werden wollte, statt an der Verehrung Gottes seine Freude zu finden. Damit hat er den vorgesehenen Plan der Schöpfung aus der Ordnung gebracht und die reine Freude und Vollendung des Kosmos gestört.«

Nach dieser Bemerkung sieht sich der Fragesteller freundlich um und erwartet von der Gesellschaft eine Bestätigung; er lässt allen eine kleine Stärkung reichen, wie sie dem Ort und der Zeit angemessen ist, vielleicht bietet er auch nur Zigarren oder Zigaretten an, damit sie sich von dem Schrecken erholen können. Und wir müssen zugeben, dass es für die Gesellschaft eine Zumutung bedeutet, einen derartigen Satz aufzunehmen. Die Kommentare werden jedenfalls abgerissen und zusammenhanglos sein, wenn man nicht Ausrufe wie

»du lieber Gott«, oder »Herr Jesus!« als Antwort auf seinen theologischen Gehalt gelten lässt. Wer versucht, unserer durchschnittlichen Bevölkerung so etwas als reine Theorie vorzutragen, wird schnell merken, dass er eine fremde Sprache spricht. Auch wenn er sie in einer vereinfachten Form zum Besten gibt und erklärt, dass Stolz die schlimmste der sieben Todsünden sei, wird er nur den unbestimmten und ungünstigen Eindruck hervorrufen, dass er predige. Aber er predigt nur, was jeder praktiziert oder zumindesten zu praktizieren wünscht.

Unser Fragesteller möge sich weiter in wissenschaftlicher Geduld üben. Er verweile noch ein wenig länger an jenem unterhaltsamen Ort, wo immer er sein möge, und merke sich sorgfältig – wenn nötig in einem Merkbuch –, wie gewöhnliche menschliche Wesen miteinander reden. Da er mit seinem Merkbuch im Dienst der Wissenschaft steht, hat er wahrscheinlich noch nie gewöhnliche menschliche Wesen gesehen. Aber wenn er genau zuhört, wird er beobachten, dass man gegenüber Freunden, Feinden und Bekannten einen ganz bestimmten Ton anschlägt. Der Ton ist im ganzen ehrlich freundschaftlich und rücksichtsvoll, obgleich starke Vorlieben und Abneigungen mitschwingen. Er wird die Leute häufig auf gewisse Schwächen vom alten Schorsch anspielen hören, aber auch manche Entschuldigung für ihn vernehmen, und im Allgemeinen sind sie sogar ein wenig stolz darauf, dass der alte Schorsch, auch wenn er betrunken ist, immer ein Gentleman bleibt und dass er neulich den Polizisten hat abblitzen lassen. Irgendein stadtbekannter Narr, der immer todsichere Tipps für Gewinner gibt, die nie gewinnen, wird mit fast zärtlichem Spott behandelt. Und bei den Ärmsten wird unser Fragesteller wahres christliches Mitgefühl für diejenigen finden, die in Schwierigkeiten geraten sind wegen irgendeines kleineren Eigentumsdelikts oder sogar wegen Diebstahls. Und wenn all diese seltsamen Typen durch die Zauberformel des Klatschs wie Geister beschworen werden, wird der Fragesteller allmählich den Eindruck gewinnen, dass es nur eine einzige Sorte Menschen gibt, die wirklich niemand mag. Wenn von einem solchen Menschen die Rede ist, nehmen die Stimmen einen ganz anderen Klang an; Kälte liegt in der Luft, und die Missbilligung verhärtet und verfestigt sich. Und das ist umso seltsamer, als es nach allen modernen Theorien von sozialem und unsozialem Verhalten gar nicht so leicht einzusehen ist, warum der Betroffene ein solches Ungeheuer sein muss und was überhaupt mit ihm los ist. Man wird nur in bestimmten Redensarten von ihm sprechen als von dem Herrn, der so tut, als ob ihm die Straße allein gehöre oder als ob ihm die ganze Welt gehöre. Dann sagt einer der Sozialkritiker: »Der kommt hier herein und denkt, er ist der liebe Gott.« Dann wird der wissenschaftliche Fragesteller sein Merkbuch zuklappen und sich vom Schauplatz zurückziehen, nachdem er möglichst alle Getränke bezahlt hat, die im Interesse der guten Sache genossen wurden. Er hat, was er wollte. Er ist geistig gerechtfertigt. Der Mann in der Wirtsstube hat genau Wort für Wort die theologischen Thesen vom Satan wiederholt.

Stolz ist ein so gefährliches Gift, dass es nicht nur die Tugenden vergiftet, sondern auch die anderen Laster. Das spüren die armen Leute in der Wirtsstube, wenn sie dem Bettelbruder und dem Saufaus und sogar dem Dieb gegenüber duldsam sind, aber an dem Mann, der so sehr dem lieben Gott gleicht, etwas Teuflisches finden. Und wir alle wissen, dass die Ursünde des Stolzes sich auf die anderen Sünden seltsam verhärtend auswirkt. Ein Mann kann auf sexuellem Gebiet sehr verführbar und leichtsinnig sein, er kann sich in flüchtigen, unwürdigen Leidenschaften vergeuden, sodass er Schaden leidet an seiner Seele, und doch kann in ihm etwas erhalten bleiben, das zum Beispiel treue und zuverlässige Freundschaft seinem eigenen Geschlecht gegenüber zumindest möglich macht. Aber wenn ein solcher Mensch seine eigene Schwäche für Stärke hält, dann haben wir jemand ganz anderen vor uns. Dann haben wir den Lady-Killer, den abscheulichsten aller Abenteurer, einen Mann, der von seinem eigenen Geschlecht gesunderweise immer gehasst und verabscheut wird. Es kann jemand von Natur träge und ziemlich verantwortungslos sein, er kann nachlässig und pflichtvergessen sein, aber seine Freunde können immer noch Verständnis für ihn haben, vorausgesetzt, dass es wirklich echte Nachlässigkeit ist. Aber es geht mit dem Teufel zu, wenn er seine Nachlässigkeit pflegt. Es geht mit dem Teufel zu, wenn er absichtlich und bewusst ein Tagedieb wird, wenn er grundsätzlich schmarotzt und im Namen seines wirklichen oder vermeintlichen Genies auf Kosten der Gesellschaft lebt und die Welt schröpft unter dem Vorwand, ein Dichter zu sein, und bessere Männer, die arbeiten, damit er verschwenden kann, verachtet. Es ist nicht nur eine Redensart, dass es mit dem Teufel zugeht, sondern diese schöne alte religiöse Formel besagt, dass dergleichen wirklich vom Teufel stammt.

Wir könnten uns noch manche ähnliche Gestalten anschauen, die dieselbe geistige Wahrheit bezeugen. Man kann leicht einsehen, dass sogar der Geizhals, der sich seiner Verrücktheit noch ein wenig schämt, menschlicher und sympathischer ist als der Millionär, der mit seinem Geiz protzt und prahlt und ihn Vernünftigkeit, Sparsamkeit und Strebsamkeit nennt. Sogar die Feigheit, als reines Versagen der Nerven, ist besser als ein Ideal und eine intellektuelle Theorie der Feigheit, und wenn einer echte Fantasie hat, sind ihm Menschen, die wie Tiere von einer Panik erfasst werden, lieber als jene eingebildeten Kerle, die herumgehen und »Frieden« predigen. Den Menschen ist diese Art Einbildung deshalb so verabscheuenswert, weil sie die dürftigste Art der Eitelkeit ist.

So ist die ganze Lage ziemlich paradox. Die geistige Idee einer Sünde des Stolzes, besonders des geistigen Stolzes, wurde als ein Stück Mystizismus verworfen, dessen die moderne Ethik nicht mehr bedürfe, weil sie rein praktisch und sozial gerichtet sei. Aber als Tatsache wird durchaus damit gerechnet, eben weil die Ethik praktisch und sozial ist. Wenn man behauptet, dass es auf gar nichts weiter ankomme als darauf, andere Menschen glücklich zu machen, werden sie sicher unglücklich. Was praktisch gegen den Stolz als Quelle sozialen Unbehagens und sozialer Zwietracht spricht, ist viel überzeugender als die rein mystische Seite der Sache, die besagt, dass die Einzelseele sich gegen die Seele der Welt stellt. Aber obgleich wir überall im modernen Leben darauf stoßen, hören wir in der modernen Literatur und in der modernen Ethik fast nichts davon. Sie scheinen es zum Teil sogar geradezu darauf abzusehen, den geistigen Stolz zu fördern. Haufen von gescheiten Skribenten sind damit beschäftigt, sich über die Wichtigkeit einer Pflege und Entwicklung des eigenen Selbst zu verbreiten und wie man den Kindern beibringen sollte, ihre eigene Persönlichkeit zu entwickeln – was immer damit auch gemeint sein mag –, wie ferner jeder auf seinen Erfolg bedacht sein soll und wie jeder erfolgreiche Mensch danach streben soll, eine magnetische und zwingende Persönlichkeit zu entwickeln, kurz, wie jedermann ein Übermensch werden kann (indem er an unserm Briefkurs teilnimmt).

Die ausgefallene, sogenannte bessere Literatur zeigt indessen, wie ein höherer Übermensch auf die große Masse der gewöhnlichen Übermenschen herabsehen kann, die die gesamte Bevölkerung unserer komischen Welt ausmacht. Unsere modernen Theorien fördern fast alle den Egoismus. Aber wir brauchen uns darüber nicht zu beunruhigen. Die moderne Praxis ermutigt ihn genauso wenig wie seit eh und je. Den Menschen mit der starken magnetischen Persönlichkeit schmeißen die, die ihn kennen, am liebsten aus dem Club. Und der Mensch, der gerade besonders heftig »sich selbst verwirklicht«, ist im Club nicht beliebter als in der Wirtsstube. Sogar aufgeklärte und wissenschaftliche Clubs durchschauen diese Art von Übermensch leicht und wissen, wie langweilig er ist. Die Philosophie des Stolzes bricht in der Praxis bald zusammen, der moralische Instinkt der Menschen, die zu zweien oder dreien versammelt sind, bezeugt das. Und die ganze praktische Erfahrung der modernen Menschheit widerlegt die moderne Häresie.

Es gibt noch eine andere praktische Erfahrung, die wir alle kennen, die noch deutlicher und aufschlussreicher ist als die Unbeliebtheit der Prahler und eitlen Narren. Wir alle wissen, was Egozentrik ist und dass sie tiefer sitzt als jeder Egoismus. Sie ist das ungreifbarste und unerträglichste aller geistigen Übel. Man sagt, sie sei der Hysterie verwandt und habe etwas von teuflischer Besessenheit. Ihr Opfer tut tausenderlei aus dem einzigen, unveränderlichen Motiv einer verzehrenden Eitelkeit; es schmollt oder lächelt, verleumdet oder lobt, spinnt Intrigen oder sitzt still und tut nichts, alles mit einer nimmermüden Aufmerksamkeit auf die Wirkung, die die eigene Person auf ihre Umgebung ausübt. Es wundert mich immer wieder, dass die moderne Welt, die ständig über Psychologie und Soziologie schwätzt, über die Tyrannei, die ein paar armselige geistesschwache Kinder über uns ausüben, über Trunksucht und die Behandlung von Neurotikern, über hundert Dinge, die der Sache nahekommen und sie nie treffen, so wenig über Ursache und Heilung einer moralischen Verfassung zu sagen weiß, die fast jedes Familienleben und jeden Freundeskreis vergiftet. Kaum ein praktischer Psychologe kann etwas halb so Einleuchtendes sagen, wie die treffsichere alte Regel der Priester, dass der Stolz aus der Hölle stammt. In ihrer schlimmsten Form ist diese Verrücktheit nämlich so schrecklich und undurchdringlich, dass jenes alte und schlichte Wort besser passt als alle anderen. Und da ereifern sich die Gelehrten über Alkohol und Tabakgenuss, über die bösen Weingläser und die unglaubliche Verderbtheit der Wirtshäuser. Aber die schlimmste Tat der Welt hat zum Sinnbild nicht das Weinglas, sondern den Spiegel; sie geschieht nicht in Wirtshäusern, sodern im privatesten aller Privathäuser, das ganz voller Spiegel hängt.

Das kann leicht missverstanden werden. Aber zu Beginn meiner Predigt würde ich den Leuten sagen, dass sie nicht an sich selbst Gefallen finden sollten, sondern an Tanz, an Theatern, an Ausflügen, an Sekt und Austern; an Jazz und Cocktails und an Nachtlokalen, wenn ihnen denn nichts Besseres einfällt. Es ist immer noch besser, als dass sie anfangen, an sich selbst Gefallen zu finden. Die Menschen sind so lange glücklich, wie sie aufnahmefähig sind und in der Lage, auf etwas, das von außen kommt, mit Überraschung und Dankbarkeit zu reagieren. Solange sie sich das bewahren, besitzen sie etwas, das sie, wie die größten Geister behaupten, in ihrer Kindheit hatten und das sie noch in ihrem Mannesalter schützt und stärkt. Sobald das innere Ich als etwas erfahren wird, das allen von außen kommenden Gaben überlegen ist, stellt sich eine Art selbstzerstörerischer Pedanterie ein, eine allzu frühe Entzauberung, die alle höllischen Merkmale des Durstes und der Verzweiflung trägt.

Natürlich kann man in einer solchen Diskussion leicht Einwände erheben, weil die Wörter gelegentlich in verschiedenem Sinn gebraucht werden und manchmal sogar im entgegengesetzten. Wenn wir zum Beispiel sagen, dass jemand stolz auf etwas ist, ein Mann stolz auf seine Frau oder ein Volk stolz auf seine Helden, dann haben wir etwas im Sinn, das dem Stolz ganz entgegengesetzt ist. Denn es bedeutet, dass der Mensch glaubt, etwas außerhalb seiner selbst zu benötigen, das ihm eine bestimmte Glorie verleiht, und eine solche Glorie wird als echtes Geschenk anerkannt. Ein anderes Wort ist auch irreführend, zum Beispiel wenn ich sage, der schlimmste und niederdrückendste Zug im vielfältigen Charakter der Gegenwart und der nächsten Zukunft scheine mir eine gewisse Frechheit zu sein. Denn es gibt auch eine Frechheit, die amüsant oder erfrischend wirkt, wie die Frechheit des Straßenjungen. Aber auch da machen die Umstände das eigentlich Böse harmlos. Was man gewöhnlich Unverfrorenheit nennt, ist kein Ausdruck von Überlegenheit, sondern eher ein kühner Versuch, die Unterlegenheit auszugleichen. Wenn man auf eine sehr reiche und mächtige Standesperson zugeht und ihr im Spaß den Hut über die Augen schiebt, erweist man sich damit nicht als über alle menschliche Torheit erhaben, sondern zeigt, dass man ihrer fähig ist und dass auch der Reiche sich eine weitere und breitere Kenntnis davon verschaffen sollte. Wenn man einem Mitglied der königlichen Familie spaßhaft den Finger in die Rippen bohrt, nimmt man sich selbst nicht allzu ernst und auch vielleicht den betreffenden Herrn nicht ganz so, wie man es im Allgemeinen für korrekt hält. Eine solche Unverfrorenheit mag eine gerechte Kritik finden, wie sie auch zweifellos nicht ungefährlich ist. Aber das ist etwas ganz anderes als jene harte intellektuelle Unverschämtheit, die so tut, als sei sie über jeden Vorwurf und jede Kritik erhaben. Und innerhalb der neuen Generation und in den neuen sozialen Bewegungen gibt es viele, die dieser Urschwäche anheimgefallen sind. Denn es ist eine Schwäche, wenn man sich damit begnügt, ein für alle Mal zu glauben, was sogar der eitle Tor nur versuchs- und anfallsweise glaubt, was jedoch alle Menschen gern glauben möchten und bisweilen schwach genug sind wirklich zu glauben: dass sie nämlich das Maß aller Dinge seien. Stolz besteht darin, dass der Mensch seine eigene Person und nicht die Wahrheit zum Maßstab aller Dinge macht. Es ist nicht Stolz, wenn man gut gelitten sein oder auch nur gut aussehen will, falls man den richtigen Maßstab hat. Es ist Stolz, zu meinen, dass eine Sache übel aussieht, weil sie nichts mit einem selbst zu tun hat. Nun kann aber bei der augenblicklichen Vernebelung aller klaren abstrakten Maßstäbe ein junger Mann und möglicherweise auch ein junges Mädchen sich leicht auf sein persönliches Urteil verlassen, nur weil eine glaubwürdige überpersönliche Richtschnur fehlt. Kein Maßstab steht so fest, dass das Selbst sich ihm anpassen müsste, sondern alle Maßstäbe können dem Selbst angepasst werden. Aber das Selbst in seiner Selbstheit ist etwas Unbedeutendes und eher Zufälliges. Daher stammt gerade bei jenen eine neue Engstirnigkeit, die sich ihres weiten Horizontes rühmen. Der Skeptiker hält sich für zu weitblickend, um das Leben am Höchsten zu messen, und misst es schließlich am Niedrigsten. Eine unbewusste Verknöcherung verhärtet den Geist nicht nur gegen die Tradition der Vergangenheit, sondern auch gegen alle Überraschungen der Zukunft. *Nil admirari* ist das Motto der Nihilisten, und das Ende ist denn auch das Nichts im genauen und vollständigen Wortverstand.

Wenn ich nur eine einzige Predigt halten könnte, könnte ich sie nicht in Ehren zu Ende bringen, ohne zu bezeugen, was meiner Ansicht nach das alle Dinge bewahrende Salz ist. Das ist nur einer von den tausend Fällen, in denen, wie ich erkannt habe, die katholische Kirche recht hat, während sonst die ganze Welt leicht unrecht hat. Und ich glaube, dass ohne ihr Zeugnis dieses Geheimnis, das zugleich offenkundig und verborgen ist, unter den Menschen fast vergessen wäre. Ich weiß, dass ich, als ich in den Einflussbereich der katholischen Kirche kam, kaum noch von der wahren Demut gehört hatte. Und selbst das, was ich am meisten liebe, die Freiheit und die englische Dichtung, war in dieser Hinsicht in die Irre gegangen und befand sich in einem Nebel der Selbsttäuschung. Es gibt kein besseres Beispiel für die Definition des Stolzes als die Art, wie die Vaterlandsliebe von sich spricht. Sie ist die edelste natürliche Liebe, solange sie sagt: »Möge ich Englands wert sein.« Und sie fängt an, die blindeste Form von Patriotismus zu sein, wenn man sich damit begnügt, zu sagen: »Ich bin ein Engländer.« Und ich kann es nicht als einen Zufall ansehen, dass in Ländern der katholischen Überlieferung die Fahne zumeist ein flammendes Symbol war, das mehr war als man selbst, während Länder, die sich der Religion entfremdet hatten, häufig nur das eigene Fleisch und Blut bewunderten. Mit andern Worten, wenn ich nur eine Predigt halten könnte, so würde diese die Gemeinde gründlich verärgern, weil ich ihre Aufmerksamkeit auf die ständige Forderung der Kirche lenken würde. Wenn ich nur eine Predigt halten könnte, dann wäre ich sicher, dass man mich nicht bitten würde, eine zweite zu halten.

(1929)

MIX
Papier aus verantwortungsvollen Quellen
FSC® C014496

Verlagsgruppe Random House FSC® N001967

Umschlag: Weiss Werkstatt, München
Umschlagmotiv: © shutterstock/DVARG, Bildnr. 256017685
Druck und Bindung: GGP Media GmbH, Pößneck
Printed in Germany
ISBN 978-3-466-37153-2

Weitere Informationen zu diesem Buch und unserem gesamten
lieferbaren Programm finden Sie unter
www.koesel.de